कानूनी सलाह

दिनकर कुमार

डायमंड बुक्स

ISBN : 978-81-288-2398-5

प्रकाशक	**: डायमंड पॉकेट बुक्स (प्रा.) लि.**
	X-30, ओखला इंडस्ट्रियल एरिया, फेज-II
	नई दिल्ली-110020
फोन	: 011-41611861, 40712100
फैक्स	: 011-41611866
ई-मेल	: sales@dpb.in
वेबसाइट	: www.dpb.in
संस्करण	: 2010
प्रिंटर्स	: आदर्श प्रिंटर्स, दिल्ली-32

Kanooni Salah
by: *Dinkar Kumar*

भूमिका

भारत दुनिया का सबसे बड़ा लोकतांत्रिक देश है। भारतीय लोकतंत्र के तीन प्रमुख स्तंभ हैं- विधायिका, जो कानून बनाती है; कार्यपालिका, जो कानून को लागू करती है और न्यायपालिका, जो न्याय को परिभाषित करती है। न्याय की प्रक्रिया में आपराधिक मामले, सिविल मामले, कर-प्रणाली, व्यापार, समाज-कल्याण, शिक्षा, श्रमिकों के अधिकार आदि मामलों का निपटारा किया जाता है।

देश की जनता के मौलिक अधिकारों की सुरक्षा के लिए कानूनी प्रावधान है, इसके बावजूद देश की बड़ी आबादी आज भी अपने कानूनी अधिकारों के बारे में ठीक से नहीं जानती है। यही वजह है कि आम लोग पुलिस के पास या कचहरी में अपनी शिकायत लेकर जाते हुए डरते हैं। लोग अन्याय को सहते हुए या तो वकीलों के चक्कर काटते हैं या भ्रष्ट पुलिसवालों को अपनी गाढ़ी कमाई के पैसे देते हुए डर-डरकर जीते रहते हैं।

देश की जनता को कानून बनाने के प्रति जागरूक बनाने के लिए कई तरह के अभियान चलाए जाते रहे हैं। भारत सरकार ने सभी कानूनों और न्यायालय के फैसलों को इंटरनेट पर उपलब्ध करवा दिया है, जिन्हें कोई भी व्यक्ति पढ़ सकता है। इस तरह की वेबसाइटों के नाम इस प्रकार हैं: www.indiacode.nic.in और www.judis.nic.in इसी तरह कई और वेबसाइटों पर कानून संबंधी दस्तावेजों को उपलब्ध करवाया गया है। लेकिन दिक्कत की बात यह है कि अभी भी भारत में इंटरनेट की सुविधा गिने-चुने लोगों को ही मिली हुई है। गाँव-कस्बों में रहने वाले आम लोग इस सुविधा का लाभ नहीं उठा पाते हैं। न्याय प्रणाली के बारे में आम धारणा यही है कि यह एक जटिल व्यवस्था है और न्याय पाने में केवल पैसे वाले ही

सफल हो पाते हैं। जबकि हकीकत यह है कि कानून की जानकारी रखने वाला कोई भी व्यक्ति न्याय प्राप्त करने के लिए अदालत का दरवाजा खटखटा सकता है, चूंकि भारत के संविधान में प्रत्येक नागरिक के मौलिक अधिकारों की सुरक्षा की गारंटी दी गई है। लोग अपने कानूनी अधिकारों को ठीक से नहीं जानते हैं और उनके अज्ञान का नाजायज फायदा कुछ स्वार्थी वकील, अदालत के क्लर्क, बिचौलिए वगैरह उठाते रहते हैं। कानून की पेचीदगी को देखते हुए इस तरह की धारणा बन गई है कि कई मुकदमों का फैसला आने में वर्षों का समय गुजर जाता है और मुकदमा लड़ने वाले बर्बाद हो जाते हैं।

आम लोगों को मामूली समस्याओं को लेकर भी वकीलों के पास दौड़ना पड़ता है और समय तथा धन की बर्बादी करनी पड़ती है। कानूनी उलझन और वकीलों की धौंस के चलते आम लोगों में ऐसी दहशत है कि वे उनसे दूर ही रहना चाहते हैं। दूसरी तरफ अदालतों में लाखों मामले अधर में लटके हुए हैं। इसलिए जरूरी हो जाता है कि आम नागरिक कानून की बुनियादी जानकारियों को समझ ले और जागरूक होकर अपनी समस्याओं को हल करने के लिए और संविधान प्रदत्त अधिकारों की सुरक्षा के लिए कारगर कदम उठा सके। इस पुस्तक का मकसद यही है कि आम लोगों को कानून की बुनयादी जानकारी मिल सके। उम्मीद है कि पाठकों को यह पुस्तक उपयोगी लगेगी और इसकी सहायता से वे अपनी कानूनी उलझनों को सुलझा सकेंगे।

- दिनकर कुमार

अनुक्रमणिका

बुनियादी जानकारी

- ❑ भारत में एक दीवानी मुकदमे का फैसला आने में कितना समय लगता है?
- ● दीवानी मुकदमे का फैसला आने में अलग-अलग राज्यों और अलग-अलग अदालतों में लगने वाले समय में काफी अंतर हो सकता है, कहीं फैसला जल्दी हो सकता है तो कहीं फैसला आने में विलंब हो सकता है। एक औसत आंकलन के अनुसार अदालत में दीवानी मामले का फैसला आने में 6 महीने से 3 साल तक का वक्त लग सकता है, फैसला आने में जो वक्त लगता है वह कई बातों से प्रभावित होता है, जैसे मुकदमे से कितने पक्षकार जुड़े हुए हैं, क्या कोई अंतरिम राहत मांगी गई है आदि।
- ❑ भारत में एक फौजदारी मुकदमे का फैसला आने में कितना समय लगता है?
- ● दीवानी मुकदमे की तरह फौजदारी मुकदमे का फैसला आने में अलग-अलग राज्यों और अलग-अलग अदालतों में लगने वाले समय में काफी अंतर हो सकता है। जिस अदालत में मुकदमे की कार्यवाही होती है उसमें आरंभिक फैसला आने में 2 से 5 वर्ष तक का वक्त लग सकता है। फैसला आने में जो वक्त लगता है वह कई बातों से प्रभावित होता है, सजा सुनाए जाने पर उच्च न्यायालय में अपील होना तय होता है, जिसमें एक तिहाई से ज्यादा समय लग सकता है।
- ❑ एक अच्छे वकील का चुनाव कैसे किया जा सकता है?
- ● एक अच्छे और योग्य वकील का चुनाव दुनियाभर में लोगों की सलाह लेकर किया जाता है। आपके मित्र और परिजन आपको ऐसे विश्वसनीय वकील के बारे में बता सकते हैं जिसकी सेवा वे विगत में ले चुके हैं और जिन्हें ऐसे वकील की दक्षता पर पूरा भरोसा है। आपके मित्र और परिजन आपको बता सकते हैं कि जिस तरह की कानूनी मदद आपको चाहिए उसके लिए कौन-सा वकील उपयुक्त साबित हो सकता है।

पंजीकृत विवाह

किसी भी धर्म के वर-वधू 'पंजीकृत विवाह' कर सकते हैं। अगर वर-वधू अलग-अलग धर्म से संबंध रखते हैं और विवाह के बाद दोनों में से कोई धर्म परिवर्तन करना नहीं चाहता तो ऐसा जोड़ा विशेष विवाह अधिनियम के तहत पंजीकृत विवाह कर सकता है।

विशेष विवाह अधिनियम के तहत स्थानीय विवाह के पंजीयक कार्यालय में रजिस्टर में हस्ताक्षर कर विवाह किया जाता है। रजिस्टर में वर-वधू और गवाहों को दस्तखत करने पड़ते हैं। सामान्य तौर पर स्थानीय दस्तावेजों का पंजीयक भी होता है और उसका कार्यालय तहसील परिसर में स्थित होता है।

विवाह के लिए निर्धारित तिथि से पहले, जोड़े को कार्यालय में एक प्रपत्र भरकर जरूरी दस्तावेजों के साथ जमा करवाना पड़ता है। (वर-वधू का उम्र प्रमाण-पत्र, तस्वीर आदि) साथ ही निर्धारित शुल्क भी देना पड़ता है। विवाह करने से 30 दिन पहले इस प्रपत्र को नोटिस के रूप में जमा करवाना पड़ता है। नोटिस का प्रपत्र भरकर जमा करने के 30 दिन बाद या तो वर-वधू विवाह के पंजीयक के कार्यालय में जाकर रजिस्टर पर दस्तखत कर विवाह कर सकते हैं या पहले से निर्धारित विवाह स्थल पर विवाह के पंजीयक को पंजीकरण के लिए बुला सकते हैं। इसके लिए पहले से समय लेना और शुल्क चुकाना आवश्यक होता है। रजिस्टर पर वर-वधू एवं गवाहों के हस्ताक्षर के बाद विवाह के पंजीयक उन दोनों के वैवाहिक बंधन में बंध जाने की घोषणा कर देता है।

सामान्य तौर पर रजिस्टर की एक प्रमाणित प्रति विवाह के कुछ दिनों के बाद विवाह के पंजीयक कार्यालय से शुल्क चुका कर प्राप्त की जा सकती है। इस प्रति को 'विवाह प्रमाण-पत्र' कहकर पुकार जाता है।

जब कोई जोड़ा विवाह करने के सूचना देते हुए प्रपत्र भरकर जमा करता है तो विवाह कें पंजीयक कार्यालय में विवाह के नोटिस को कम से कम 30 दिनों तक प्रदर्शित करके रखा जाता है। इस तरह कोई भी जोड़ा 30 दिन की प्रक्रिया पूरी होने से पहले विवाह नहीं कर सकता।

❑

हिन्दू विवाह पद्धति

हिन्दू (जिनमें सिख, बौद्ध एव जैन शामिल हैं) विवाह पद्धति के तहत दोनों पक्षों का हिन्दू होना आवश्यक है, दोनों की न्यूनतम विवाह योग्य आयु होनी चाहिए, विवाह के समय वर-वधू में से किसी का अन्य जीवनसंगी जीवित नहीं होना चाहिए और दोनों के बीच कोई रक्त संबंधी (पिता की तरफ से सात पीढ़ियों तक और मां की तरफ से तीन पीढ़ियों तक) नहीं होना चाहिए। दोनों के बीच वर्जित रिश्ता (परिजन, सगे-संबंधी) नहीं होना चाहिए और विवाह के लिए दोनों की वैध सहमति होनी चाहिए।

हालांकि विवाह का कोई अनुष्ठान निर्धारित नहीं है, लेकिन निम्नलिखित अनुष्ठानों में से एक या अधिक का पालन करते हुए पुरोहित द्वारा मंत्रोच्चारण के साथ विवाह सम्पन्न होना चाहिए:

कन्यादान : वधू के पिता या भाई या परिवार को कोई पुरुष (आर्य समाज में नारी सदस्य भी) गांठ बांधते हुए वर के हवाले कन्या को सौंपे।

होम : पवित्र अग्नि में आहुति।

पाणिग्रहण : समारोह के दौरान वधू का हाथ वर के हाथ में देना। इसके साथ वरमाला पहनाने का अनुष्ठान भी होता है।

फेरे : युगल द्वारा अग्नि के फेरे लगाना (रिवाज के अनुसार चार से लेकर सात फेरे)

सप्तप्रदी : युगल द्वारा एक-एक वैवाहिक संकल्प लेते हुए सात कदम आगे बढ़ाना।

❑

विवाह का पंजीकरण

- प्रत्येक विवाह का पंजीकरण करवाना आवश्यक है।
- प्रत्येक धर्म में विवाह के अलग-अलग तरीके होते हैं।
- प्रत्येक धर्म में अभिभावक की अनुमति के बिना विवाह की उम्र लड़कों के लिए न्यूनतम 21 वर्ष और लड़कियों के लिए न्यूनतम 18 वर्ष है।
- सभी धर्मों में होने वाले विवाह एव अन्तर्धार्मिक विवाह के लिए विवाह पंजीकरण करवाना अनिवार्य है। विवाह के पंजीयक कार्यालय में विवाह होने के बाद 30 दिनों की अवधि में पंजीकरण करवाना अनिवार्य है। जिस इलाके में विवाह समारोह आयोजित होता है उस इलाके के विवाह के पंजीयक कार्यालय में पंजीकरण करवाना चाहिए। अक्सर स्थानीय दस्तावेज पंजीयक ही विवाह का भी पंजीकरण करवाता है और उसका कार्यालय तहसील में स्थित होता है।

किसी भी कार्य दिवस में उक्त कार्यालय में जाकर विवाह पंजीकरण का प्रपत्र हासिल किया जा सकता है। (इस प्रपत्र को 'मेमोरेंडम ऑफ मैरिज' के नाम से भी जांना जाता है), इस प्रपत्र को भरना चाहिए। विवाह सम्पन्न करवाने वाले पुरोहित का हस्ताक्षर भी लेना चाहिए और जरूरी अनुलग्नक के साथ कार्यालय में जमा कर देना चाहिए। दस्तावेज अलग-अलग कार्यालय में भिन्न-भिन्न हो सकते हैं जिसमें दोनों पक्षों की आयु का प्रमाण-पत्र, उनकी तस्वीरें, विवाह समारोह की तस्वीर, पुजारी की तस्वीर आदि प्रमुख हैं, प्रपत्र के साथ जरूरी शुल्क भी जमा करवाना चाहिए। प्रपत्र और शुल्क प्राप्ति की प्रतिलिपि कार्यालय से ले लेनी चाहिए। कार्यालय में ली गई प्रमाणित प्रति को ही 'विवाह प्रमाण -पत्र' के रूप में पुकारा जाता है।

विवाह पंजीकरण के लिए उत्तरदायी व्यक्तियों की सूची नीचे दी गई है:

विवाह पद्धति	विवाह पंजीकरण के लिए उत्तरदायी व्यक्ति
हिन्दू (जिनमें सिख, बौद्ध, एवं जैन शामिल हैं)	नवविवाहित जोड़ा
मुस्लिम	निकाह करवाने वाला काजी
ईसाई एवं पारसी	विवाह करवाने वाला धर्मगुरु
अंतर्धार्मिक विवाह	विवाह अपने आप विवाह का पंजीकरण भी होता है।

इसके अलावा विशेष विवाह अधिनियम 1954 के तहत अदालत में पंजीकृत विवाह करने का प्रावधान भी प्रचलित है।

❑

उत्तराधिकार प्रमाण-पत्र

अगर किसी व्यक्ति की अचानक मृत्यु हो जाती है (वसीयत लिखे बगैर) और आप उसके अकेले या संयुक्त वारिस हैं तो आप मृतक की जायदाद में अपने नाम को दर्ज करवाने के लिए निम्नलिखित कदम उठाएं:

1. उत्तराधिकार प्रमाण-पत्र

(अ) नगरपालिका/चर्च/मस्जिद से मृत्यु प्रमाण-पत्र लेकर आएं। (1-2 दिन के भीतर)

(आ) स्थानीय पटवारी को उत्तराधिकार प्रमाण-पत्र के लिए आवेदन दें। (1 दिन के भीतर)

(इ) तहसीलदार कार्यालय में एफिडेविट तैयार करें। (1 दिन के भीतर)

(ई) एफिडेविट पटवारी को सौंपे। (1 दिन के लिए)

(उ) पटवारी से उत्तराधिकार प्रमाण-पत्र प्राप्त करें। (1-2 दिन के भीतर)

(ऊ) तहसीलदार को पटवारी के प्रमाण-पत्र के साथ उत्तराधिकार प्रमाण-पत्र देने के लिए आवेदन पत्र दें (1 दिन)

(ए) तहसीलदार कार्यालय से उत्तराधिकार प्रमाण-पत्र प्राप्त करें। (2-3 दिन के भीतर)

2. नगरपालिका दस्तावेजों में वारिस के नाम दर्ज करना

(अ) नगर निगम/परिषद के संबंधित वार्ड कार्यालय में जायदाद की आकलन सूची प्राप्त करें। (1 2 दिन के भीतर)

(आ) उसी कार्यालय में उत्तराधिकार प्रमाण-पत्र और आकलन सूची के साथ आवेदन करें। (1 दिन के भीतर)

(इ) संबंधित अधिकारी से बात कर पालिका दस्तावेजों में जायदाद के दिवंगत स्वामी के नाम की जगह उत्तराधिकारियों के नाम दर्ज करवाएं। (1-2 दिन के भीतर)

अथवा

(ई) दीवानी अदालत में प्रार्थन्ना-पत्र देकर स्वामित्व प्रमाण-पत्र हासिल करें। (2-4 महीने)

(उ) पालिका के अधिकारी की मर्जी से या अदालत से मिले स्वामित्व प्रमाण-पत्र की सहायता से नगपालिका दस्तावेजों में उत्तराधिकारियों के नाम दर्ज करवाएं और दस्तावेज की प्रति हासिल करें। (2-5 दिन)

3. पटवारी के दस्तावेजों में वारिस के नाम दर्ज करना

(अ) जहाँ जायदाद उपस्थित है उस क्षेत्र के पटवारी से जायदाद के अधिकार संबंधी दस्तावेज 'खसरा खतौनी' हासिल करें। (1-2 दिन के भीतर)

(आ) उत्तराधिकार प्रमाण-पत्र और खसरा खतौनी की प्रति के साथ पटवारी को आवेदन दें। (1 दिन)

(इ) जब दस्तावेजों में वारिसों के नाम दर्ज हो जाएं तो उनकी प्रति हासिल कर लें। (1-2 दिन के भीतर)

❑

चेक बाउंस होने पर क्या करें?

कानूनी उपाय यही है कि आप 'निगोशिएबल इंस्ट्रूमेंट्स एक्ट 1881' के अनुच्छेद 18-ए के तहत मामला दर्ज करवाएं, लेकिन ऐसा करने से पहले निम्नलिखित कदम उठाएं:

1. पहले दूसरे पक्ष से संपर्क करें। (मिलकर या फोन से) और यह जानने की कोशिश करें कि चेक बाउंस होने की वजह क्या थी। दूसरा पक्ष आपको कुछ दिनों के भीतर ही रकम का भुगतान कर सकता है।
2. अगर दूसरा पक्ष (अर्थात् व्यक्ति, फर्म या कंपनी) आपको दूसरा चेक देता है और वह भी बाउंस हो जाता है या समय पर भुगतान नहीं करता है तो 'अपर्याप्त राशि' के कारण के साथ बाउंस होने वाले चेक के मामले में आप निम्नलिखित कानूनी कदम उठा सकते हैं:
   (अ) बाउंस होने की तिथि के 30 दिनों के भीतर चेक जारी करने वाले पक्ष को भुगतान का नोटिस जारी करते हुए 15 दिनों के भीतर भुगतान करने के लिए करें और यह भी बताएं कि भुगतान नहीं मिलने पर 'निगोशिबल इंस्ट्रूमेंट्स एक्ट 1881' के अनुच्छेद 138-ए के तहत आप उसके खिलाफ कानूनी कार्रवाई करेंगे।

(नोटिस किसी वकील से लिखवाएं - जिसका पक्ष पर गहरा प्रभाव पड़ेगा।

   (आ) नोटिस मिलने के बाद दूसरा पक्ष अगर 15 दिनों के भीतर आपको राशि का भुगतान नहीं करता है तो जिस क्षेत्र में आपका चेक़ बाउंस हुआ है (अर्थात् जिस क्षेत्र में आपका बैंक है) उस क्षेत्र में मजिस्ट्रेट की अदालत में आप शिकायत दर्ज करवा सकते हैं। भुगतान के लिए निर्धारित 15 दिनों की अवधि

पूरी होने के बाद इस तरह की शिकायत चेक पर हस्ताक्षर करने वाले व्यक्ति के खिलाफ दर्ज करवाई जा सकती है।

3. अगर चेक के बाउंस होने की वजह 'अपर्याप्त राशि' न हो बल्कि आपको ऐसा लगे कि दूसरा पक्ष आपको भुगतान करना नहीं चाहता तो आप किसी वकील की सेवा प्राप्त करें।
4. अगर आपको ऐसा लगे कि दूसरा पक्ष आपकी रकम हजम कर जाना चाहता है तो संशोधित कानून के तहत आप पुलिस के पास धोखाधड़ी का मामला दर्ज करते हुए रकम की रिकवरी के लिए मदद मांग सकते हैं।
5. बाउंस होने पर चेक को जारी करने वाला व्यक्ति कानूनी रूप से आपको भुगतान करने के लिए बाध्य है, इसीलिए आप उसके खिलाफ रकम की रिकवरी के लिए दीवानी मुकदमा करने के लिए स्वतंत्र हैं।

❑

नाम परिवर्तन

अगर आप अपना नाम बदलना चाहते हैं, जिसमें पिता का नाम या उपाधि बदलना भी शामिल हो सकता है तो आपको निम्नलिखित प्रक्रिया से होकर गुजरना पड़ेगा:

1. अपने राज्य की राजधानी में स्थित राज्य सरकार के छापाखाने में जाएं।
2. वहां से नाम परिवर्तन के लिए प्रपत्र हासिल करें।
3. प्रपत्र को भरकर उसी समय जमा कर लें।
4. इसके लिए निर्धारित शुल्क नगद जमा कर दें। (अमूमन 6–8 सप्ताह के भीतर प्रकाशन के लिए 120 रुपए और 2–3 सप्ताह के भीतर प्रकाशन के लिए 620 रुपए)
5. सरकारी छापाखाना आपके नाम परिवर्तन का विवरण (या पिता के नाम या उपाधि में परिवर्तन) प्रकाशित करेगा और सरकारी गजल की दो प्रतियां आपको भेज देगा अथवा आपसे प्रतियां ले जाने के लिए कहेगा। छापाखाना आपको पहले ही बता देगा कि नाम परिवर्तन की सूचना वह कब प्रकाशित करेगा।
6. इसके बाद आप जहां भी अपने नाम/पिता का नाम/उपाधि को परिवर्तित रूप में प्रस्तुत करना चाहते हों वहां गजट के ब्यौरे की प्रतिलिपि प्रमाण के रूप में प्रस्तुत कर सकते हैं।

जन्मतिथि में बदलाव या धर्म परिवर्तन के लिए भी इसी प्रक्रिया का पालन किया जा सकता है।

❑

जन्म प्रमाण-पत्र कैसे बनाएं?

अगर किसी के पास जन्म प्रमाण-पत्र नहीं है तो निम्नलिखित प्रक्रिया के जरिए वह जन्म प्रमाण-पत्र प्राप्त क़र सकता है:

1. आवेदन कहां करें?

जिस इलाके में आपका जन्म हुआ है उस इलाके की स्थानीय संस्था (ग्राम पंचायत, नगरपरिषद या नगरपालिका) जन्म प्रमाण-पत्र जारी करती है। बड़े शहरों में वार्ड कार्यालय में जन्म प्रमाण-पत्र जारी किए जाते हैं।

प्रमाण-पत्र प्राप्त करने के लिए आपको आवेदन करना होगा, यह आवेदन निर्धारित प्रपत्र या सादे कागज पर अपने माता-पिता के नाम, जन्म स्थान, तिथि, जन्म का समय दर्ज कर अगर अस्पताल में जन्म हुआ हो तो अस्पताल का प्रमाण-पत्र संलग्न करते हुए आवेदन करना चाहिए।

अगर आपका जन्म पंजीकृत नहीं किया गया हो और घर में ही आपका जन्म हुआ हो तो आपको कुछ निर्धारित प्रक्रिया पूरी करनी होगी, जिनमें एफिडेविट बनाना और जिला कलेक्टर से आदेश लेना शामिल हो सकता है।

2. अगर स्थानीय संस्था में जन्म का विवरण पंजीकृत न हो

अगर आपका जन्म घर में हुआ हो और स्थानीय संस्था द्वारा आपके जन्म का विवरण पंजीकृत न हो तो आपको निर्धारित नियमों का पालन करना होगा। इन नियमों में एफिडेविट बनाना और सहायक कलेक्टर अथवा जिला कलेक्टर का आदेश लेना शामिल हो सकता है, उसके बाद ही आपको जन्म प्रमाण-पत्र जारी किया जा सकता है।

❐

स्वामित्व प्रमाण-पत्र

अगर आपके किसी ऐसे करीबी संबंधी का निधन हो गया है जिसने वसीयत नहीं बनाई हो और जिसके आप एक वारिस हैं तो उसकी जायदाद प्राप्त करने के लिए स्वामित्व का प्रमाण-पत्र आप इस तरह बना सकते हैं।

1. आवेदन कहां करें?

जहाँ आपका संबंधी रहता था और जहाँ उसकी संपत्ति है, उस क्षेत्र के न्यायालय में आवेदन करें। संपत्ति की कीमत के आधार पर न्यायालय की श्रेणी चुनी जाएगी। न्यायालय संपत्ति के मूल्य की जांच करवाएगा।

2. अदालत की कार्यवाही क्या है?

अदालत में आपको अपने संबधी के अन्य वारिसों के नाम के साथ पक्षकार के रूप में आवेदन करना होगा। सामान्य तौर पर समाचार पत्र में भी इस सिलसिले में एक नोटिस को प्रकाशित करना पड़ता है। निर्धारित अवधि (नोटिस के प्रकाशन के बाद डेढ़ महीने) में अगर संपत्ति के दूसरे वारिस आपत्ति नहीं करते तो अदालत आपके नाम से स्वामित्व का प्रमाण-पत्र जारी करने का आदेश दे सकती है, जिसके लिए आपको निर्धारित राशि का स्टांप पेपर जमा करना पड़ेगा। अदालत के कर्मचारी द्वारा टंकित, हस्ताक्षरित एवं मुहर लगाया हुआ प्रमाण-पत्र आपको दे दिया जाएगा।

3. अदालत में स्वामित्व प्रमाण-पत्र प्राप्त करने में कितना वक्त लगेगा?

आवेदन करने के बाद लगभग 3-4 महीने का वक्त लग सकता है।

❑

क्या आप बच्चे को गोद लेना चाहते हैं?

अगर आप किसी बच्चे को गोद लेना चाहते हैं तो आपको निम्न प्रक्रिया अपनानी होगी:

1. जिस बच्चे को गोद लेना चाहते हैं उसकी पहचान करें

सबसे पहले आपको ऐसे बच्चे की तलाश करनी होगी जिसे आप गोद ले सकें। जो स्वाभाविक रूप से बच्चा हो और जिसके माता-पिता/अभिभावक बच्चे को गोद देने के लिए सहमत हों।

अगर आप किसी अनाथालय से बच्चे को गोद लेना चाहते हैं तो अनाथालय का सरकार द्वारा मान्यता प्राप्त होना जरूरी होगा और ऐसी स्थिति में सक्षम अदालत से आपको एक योग्यता प्रमाण-पत्र हासिल करना पड़ेगा।

अगर आप भारत के नागरिक नहीं हैं तो गोद लेने के पहले आपको अदालत से अनुमति लेनी पड़ेगी।

2. पहले परख लें कि क्या आप कानूनी रूप से बच्चे को गोद ले सकते हैं

पहले आपको इस बात का विश्लेषण करना होगा कि वर्तमान परिस्थितियों में क्या आप कानूनी रूप से बच्चे को गोद ले सकते हैं, और अगर जवाब हाँ है तो फिर यह सवाल पैदा होता है कि आप किस तरह से बच्चे को गोद लेना चाहते हैं, आपको यह भी परखना होगा कि क्या बच्चे के माता-पिता या अभिभावक गोद देने के लिए राजी हो जाएंगे। यह उलझा हुआ वैयक्तिक मामला हो सकता है, इसीलिए किसी वकील से स्पष्ट कानूनी राय ले लेना आवश्यक होगा।

याद रखें, मुसीबतों में गोद लेने की प्रथा नहीं है और केवल अदालत की इजाजत लेकर ही अंतर्धार्मिक गोद लेने की प्रक्रिया पूरी की जा सकती है।

3. अनुष्ठान

गोद लेने के लिए योग्यता एवं कानूनी आधार स्पष्ट हो जाने के बाद आपको धर्म द्वारा आधारित अनुष्ठान के जरिए बच्चे को गोद लेना पड़ेगा। इस सिलसिले में आप अपने धर्मगुरु से सलाह ले सकते हैं।

4. गोद लेने का अनुबंध पत्र

गोद लेने की प्रक्रिया को वैधानिक रूप प्रदान करने के लिए और कानूनी औपचारिकताएं पूरी करने के लिए आपको किसी पक्ष और योग्य वकील की मदद से गोद लेने का अनुबंध पत्र तैयार करना होगा जिस पर गवाहों की उपस्थिति में बच्चे के माता-पिता या अभिभावक, आप और आपकी पत्नी के हस्ताक्षर होंगे और फिर स्थानीय उप पंजीयक कार्यालय' में उसका पंजीकरण करवाना होगा।

5. नाम परिवर्तन

आप बच्चे का नाम सरकारी रिकॉर्ड में बदल सकते हैं ताकि गोद लिए गए बच्चे को भविष्य में नैतिक या कानूनी रूप से किसी तरह की परेशानी न हो।

❑

अपने कानूनी अधिकार को जानिए

- किसी भी व्यक्ति को बेड़ी और हथकड़ियों में तब तक नहीं रखा जा सकता जब तक अदालत द्वारा पुलिस को इस बात का लिखित अधिकार न दिया गया हो।
- जो भी पुलिस अधिकारी आपको गिरफ्तार कर रहा है, उनकी नाम पट्टिका स्पष्ट रूप से लगी होनी चाहिए, जिसमें उसका नाम पढ़ा जा सके यानी उसकी पहचान गिरफ्तार हो रहे व्यक्ति को होनी चाहिए।
- गिरफ्तार किए जा रहे व्यक्ति को गिरफ्तार करते समय ये बताना जरूरी है कि उसे किस जुर्म के कारण गिरफ्तार किया जा रहा है और ये भी कि गिरफ्तार हो रहा व्यक्ति बचाव में वकील कर सकता है।
- गिरफ्तारी का प्रपत्र (गिरफ्तारी मेमो) तिथि एवं समय के साथ गिरफ्तारी के समय ही तैयार किया जाना चाहिए। उसके ऊपर घर के किसी सदस्य/पड़ोसी या अन्य किसी उपस्थित व्यक्ति के हस्ताक्षर होने चाहिए। ये इसलिए ताकि उनकी गिरफ्तारी गुपचुप न रह सके।
- पुलिस के लिए अनिवार्य है कि गिरफ्तारी की सूचना उसे दे गिरफ्तार होने वाला व्यक्ति अपना शुभचिंतक और मददगार समझता हो, तथा ये भी कि गिरफ्तार व्यक्ति को कहां रखा या ले जाया जा रहा है।
- गिरफ्तार होते समय गिरफ्तार हो रहे व्यक्ति से जब्त की गई सभी वस्तुओं की एक स्पष्ट सूची बनानी चाहिए।
- यदि कोई गरीब वकील नहीं कर सकता तो वह सरकारी खर्च पर अपने बचाव के लिए वकील मांग सकता है।
- यदि आपका वकील, आपको लगता है कि आपके लिए ठीक से मुकदमा नहीं लड़ पा रहा है तो आप वकील बदल सकते हैं।

- आपको पूरा अधिकार है कि अपने वकील से कोई भी बात, कोई भी सलाह गुप्त रूप से कर सकते हैं।
- जब भी किसी के घर, दफ्तर, प्रांगण आदि में तलाशी ली जाए तो ये जरूरी है कि स्वतंत्र गवाह यानी आम लोगों में से कोई दो तलाशी के समय उपस्थित रहें।
- तलाशी लेने से पहले उन गवाहों के सामने उस पुलिस पार्टी की भी तलाशी लेनी चाहिए।

वकील के पास जाने से पहले क्या करें?

अपनी कानूनी समस्याओं को जटिल और व्यय बहुल बनाने से बचाने का सबसे अच्छा तरीका यही है कि विश्वस्तरीय सूचनाओं के आधार पर कदम बढ़ाएं।

वकील के पास अपनी समस्या लेकर जाने से पहले अपने आपसे निम्नलिखित सवाल पूछें-

1. क्या समस्या को आसानी से और कम खर्च में सुलझाने का कोई दूसरा रास्ता हो सकता है?
2. किस तरह आपकी कानूनी समस्या का आसानी से, कम खर्च में, तेजी से, कम मानसिक पीड़ा बर्दाश्त करते हुए समाधान किया जा सकता है?
3. कब, कैसे और किस तरह वकील की सेवा ली जानी चाहिए?
4. अपने वकील से क्या पूछना चाहिए?
5. बगैर सूचना या पूर्व तैयारी के किसी को वकील के पास परामर्श के लिए क्यों नहीं जाना चाहिए?
6. वकील के पास जाकर किस तरह अपनी समस्या का वर्णन करना चाहिए?
7. वकील से किस तरह के सवाल आप पूछ सकते हैं?
8. अपने वकील का विश्वास किस तरह प्राप्त किया जा सकता है?
9. कानूनी जंग पर आपका नियंत्रण आपके पक्ष में किस तरह रह सकता है?

❑

अपने वकील से ये सवाल आप पूछ सकते हैं

1. अपने वकील से उसके वकालत के पेशे में अनुभव के बारे में पूछ सकते हैं
2. वकील से पूछ सकते हैं कि क्या उसने पहले भी इस तरह के मामले निपटाए हैं।
3. आपके मुकदमे का संभावित परिणाम क्या सामने आने वाला है।
4. मामले को सुलझाने के लिए क्या आपके पास कोई वैकल्पिक समाध ान भी है?
5. मुकदमे की कार्रवाई पूरी होने में कितना वक्त लग सकता है?
6. वकील से उसके शुल्क के बारे में और मुकदमे पर होने वाले कुल खर्च के बारे में पूछें।
7. वकील आपको आपके मुकदमे से संबंधित सूचनाएं किस तरह प्रदान करता रहेगा।
8. उससे पूछें कि मामले को सुलझाने के लिए वह किस तरह का रवैया अपनाएगा।

❐

आपके वकील में क्या खूबियाँ होनी चाहिए?

सभी वकीलों को निम्नलिखित आचार संहिता का पालन करना होता है:

1. प्राधिकार
2. नैतिकता
3. पेशेवर आचरण के नियम

वकीलों को उच्च मापदंड और कर्तव्यनिष्ठा का पालन करना चाहिए। आपके वकील को आपका प्रतिनिधित्व नीतिपरक ढंग से निष्ठापूर्वक और कानून सम्मत आधार पर करना चाहिए।

आपके वकीलों को निम्नलिखित नीतिपरक एवं पेशेवर नियमों का पालन करना चाहिए।

1. आपके वकील को आपकी कानूनी समस्या का अच्छी तरह विश्लेषण करना चाहिए और उससे संबंधित कानून के ज्ञान का उपयोग करना चाहिए। उसे आपके साथ निश्चित अंतराल पर प्रभावशाली तरीके से संवाद स्थापित करना चाहिए।
2. मुवक्किल होने के नाते आप अपने वकील से वफादारी की अपेक्षा रख सकते हैं। आपका वकील एक साथ आपका और एक ऐसे मुवंक्किल का प्रतिनिधित्व नहीं कर सकता जितना कानूनी हित आपके हित के प्रतिकूल हो। इस तरह का आचरण किसी भी मुकदमे में वादी और प्रतिवादी दोनों का प्रतिनिधित्व कहलाएगा।
3. आपके मुकदमे का संचालन करने के लिए आपके वकील को तब तक आपके निर्देश का पालन करना होगा जब तक आपके द्वारा दिए गए निर्देश अवैध न हों।

4. आपके वकील का यह फर्ज बनता है कि वह आपकी निजी संपत्ति को उसकी निजी संपत्ति से अलग ही रखे और आपके द्वारा खर्च किए गए पैसे का पूरा हिसाब रखें। इस तरह जब भी आप अपने वकील से अपनी संपत्ति या राशि वापस मांगें तो तत्काल वह लौटा सके।
5. आपके मुकदमे के आधार पर नीतिपरक नियमों के तहत आपके प्रति आपके वकील की दूसरी जवाबदेही भी हो सकती है।

वकील के साथ आपकी बातचीत गोपनीय होनी चाहिए?

वकील के साथ आपकी बातचीत गोपनीय होनी चाहिए। जब आप किसी कानूनी मसले पर वकील से विचार-विमर्श करते हैं तो आपका वार्तालाप विशिष्ट श्रेणी में आता है। इसका अर्थ है कि जब तक आप इजाजत नहीं दे देते तब तक आपका वकील आपके द्वारा मुहैया करवाई गई सूचना किसी दूसरे व्यक्ति के सामने उज़ागर नहीं कर सकता।

अपने वकील को कैसे बदलें?

प्रत्येक मुवक्किल को यह अधिकार है कि वह किसी भी समय किसी कारण से या अकारण ही अपने वर्तमान वकील की सेवा लेना बंद कर सकता है, भले ही उसके ऊपर वकील का शुल्क बकाया हो अथवा नहीं हो। बेशक, वर्तमान वकील ने आपके मामले को लेकर जितना समय खर्च किया है उसके बदले में उचित शुल्क आपको अदा करना होगा।

अगर आपका वकील आपकी अपेक्षाओं के अनुरूप प्रदर्शन नहीं कर रहा है तो आप उसे पत्र लिखकर। पत्र की प्रतिलिपि अपने पास रखते हुए? वकील को सूचित कर सकते हैं कि किन बिंदुओं को लेकर आप असंतुष्ट हैं और किस तरह का सुधार चाहते हैं। अगर आपकी शिकायत के बावजूद आपके वकील के रवैये में कोई सुधार दिखाई नहीं पड़े तो फिर आप दूसरे वकील की तलाश शुरू कर सकते हैं।

जब आप वकील पर भरोसा नहीं कर पा रहे हों और आप दोनों के रिश्ते में कड़वाहट आ गई हो, वैसी स्थिति में वकील बदल लेना ही बेहतर उपाय कहलाएगा।

एक उदाहरण के जरिए, इस मामले को ठीक से समझा जा सकता है। मान लीजिए आपका अपनी पत्नी के साथ तलाक का मुकदमा चल रहा है और आपकी पत्नी ने एक वकील की सेवा ले रखी है, वैसी स्थिति में नए

वकील को ढूँढें बगैर पुराने वकील को हटाना आपके हित में नहीं होगा, चूंकि नया वकील ही मामले को हस्तांतरित कर पाएगा। लेकिन, अगर आपकी पत्नी ने अगर किसी वकील की सेवा नहीं ले रखी हो तो आप खुद ही मुकदमा लड़ने पर विचार कर सकते हैं। अगर आप खुद ही पैरवी करना चाहते हैं और अपने वकील को हटाना चाहते हैं तो ऐसा लिखित रूप से करें और पत्र की प्रतिलिपि अपने पास रखें। अगर वकील ने दस्तावेज अदालत में जमा कर रखे हैं तो आप अदालत में आवेदन देकर वकील को हटाने और खुद ही मुकदमे की पैरवी करने की सूचना दे सकते हैं। अपने वकील को पत्र लिखकर आप सूचित कर सकते हैं कि अपने मुकदमे की पैरवी आप खुद ही कर रहे हैं और आप उसे सारे दस्तावेज तत्काल लौटा देने का अनुरोध कर सकते हैं। कोई भी वकील दस्तावेज लौटाने में अनावश्यक विलंब नहीं कर सकता। अगर ऐसा होता है तो आप स्थानीय बार एसोसिएशन में शिकायत दर्ज करते हुए उसकी प्रतिलिपि अपने पुराने वकील को भेज सकते हैं। अदालत के क्लर्क से आप मुकदमे से संबंधित दस्तावेज की प्रतिलिपियाँ हासिल कर सकते हैं।

❑

कानूनी सलाह : प्रश्नोत्तरी

- ❑ मेरे चाचा की कोई औलाद नहीं है। उन्होंने अपने साले की बेटी को पाला है। उस लड़की की शादी हो चुकी है। मेरे चाचा अपना हिस्सा उस लड़की को देना चाहते हैं। क्या मेरे पुरखों की जगीन-जायदाद पर उस लड़की का हक बनता है? क्या मेरे चाचा को ऐसा करने का कानूनी हक है? कृपया सही सलाह दें।

- ● पुश्तैनी जायदाद का अर्थ है, अविभाजित संयुक्त हिन्दू परिवार की संपत्ति। किसी भी व्यक्ति की मृत्यु हो जाए और वह अपनी कोई वसीयत न छोड़े तो उसके मरते ही उसके उत्तराधिकारी अपने-अपने रिश्ते के हिसाब से उसके अधिकारी हो जाते हैं। चूंकि उस संपत्ति में अनेक लोगों का हिस्सा होता है, इस कारण से वह संपत्ति अविभाजित संयुक्त हिन्दू परिवार की संपत्ति कही जाती है। जब तक इस संयुक्त पारिवारिक संपत्ति का विभाजन नहीं होता है, यह संयुक्त बनी रहती है। आपसी सहमति से न्यायालय द्वारा जैसे भी हो जब इस संपत्ति का बंटवारा हो जाता है तो सभी भागीदारों को उनका भाग मिल जाता है। ऐसी स्थिति में वह संपत्ति अविभाजित संयुक्त हिन्दू परिवार की संपत्ति नहीं रह जाती। उस पर वैयक्तिक स्वामित्व स्थापित हो जाता है क्योंकि यह संपत्ति उस व्यक्ति की स्वाअर्जित संपत्ति नहीं होती, इस कारण से यदि उसके उत्तराधिकारी जन्म ले चुके हों तो उस व्यक्ति को इस संपत्ति को व्यय करने का अधिकार नहीं होता। लेकिन यदि उसका कोई उत्तराधिकारी नहीं है तो ऐसी स्थिति में वह व्यक्ति उत्तराधिकार से प्राप्त हुई अपनी इस संपत्ति का किसी भी तरह से व्यय कर सकता है।

  आपने जिस पुश्तैनी संपत्ति का उल्लेख किया है उसे अपने चाचा के हिस्से की बताई है। इससे प्रतीत होता है कि पुश्तैनी संपत्ति का विभाजन

हो चुका है। चूंकि चाचा की कोई संतान नहीं है इसलिए उन्हें पूरा अधिकार है कि वे अपनी संपत्ति किसी को भी वसीयत करके दे दें, या दान कर दें या विक्रय कर दें। इसमें किसी को कोई आपत्ति नहीं होनी चाहिए। इस संपत्ति पर और किसी का कोई अधिकार नहीं है।

इस प्रश्न से एक बात और निकलकर आती है कि चाचा ने अपने साले की लड़की को पाला-पोसा है जिससे ऐसा प्रतीत होता है कि उन्होंने उसे गोद ले लिया था। कोई भी अन्य उत्तराधिकारी न होने पर दत्तक पुत्र या दत्तक पुत्री उनकी एकमात्र उत्तराधिकारी भी हो जाएगी। ऐसी अवस्था में कोई वसीयत आदि न करने पर भी उनकी यह संपत्ति उस दत्तक पुत्री को ही प्राप्त होगी।

❑ मान लीजिए कोई लड़की दहेज के लिए घर से निकाल दी गई हो। दो साल तक वो मायके में ही रहे, ससुराल वाले उसे आने ही न दें। लड़की ने थाने में रिपोर्ट की हो, महिला आयोग में गई हो, लेकिन उसकी सुनी न गई हो और लड़का फैमिली कोर्ट में जाकर मामला लगा दे कि उसकी पत्नी उसके पास नहीं आना चाहती और फैमिली कोर्ट भी तारीख पर तारीख दे रहा हो। लड़की से पूछ ही न रहा हो कि तुम क्या चाहती हो। तो क्या होगा? क्या इस तरह के कानूनी पचड़ों में फंसकर वो लड़की न तो ससुराल जा पाएगी और न ही ससुराल वालों को दहेज माँगने की सजा दिला पाएगी। सुना है कि शादी के सात साल बाद तक दहेज का मुकदमा दर्ज करवाया जा सकता है।

● यह सवाल काल्पनिक लगता है। यह हो सकता है कि किसी विवाहित महिला को ससुराल वाले दहेज के लिए निकाल दें और वह दो वर्ष तक मायके में ही रहे। ससुराल वाले उसे आने ही न दें। थाने वाले और महिला आयोग ने उसकी न सुनी हो। थाने में न सुने जाने पर पुलिस सुपरिटेंडेंट के यहाँ उसकी शिकायत की जा सकती है। आजकल तो पुलिस के सभी बड़े अधिकारियों के ई-मेल पते नेट पर उपलब्ध हैं। उन्हें शिकायत मेल की जा सकती है।

इसके अलावा अदालत का भी मार्ग है। दहेज के लिए क्रूरतापूर्ण व्यवहार करने पर महिला सीधे अदालत में अपनी शिकायत दर्ज करवा सकती है। अदालत पुलिस को प्रथम सूचना रिपोर्ट दर्ज कर अन्वेषण करने का आदेश दे सकती है, या परिवादी। महिला चाहे तो मजिस्ट्रेट के समक्ष

स्वयं के और गवाहों के बयान करवा सकती है जिस पर अदालत मामले पर संज्ञान लेकर अभियुक्तों के वारंट जारी कर सकती है।

यदि परिवार न्यायालय में मामला पति द्वारा ले जाया गया है तो पत्नी अपने जवाब में सब कुछ अदालत में लिखकर दे सकती है। यह अदालत का कर्तव्य है कि वह दोनों पक्षों के मध्य मामला सुलह से निपटाने का प्रयत्न करे। हर अदालत अनिवार्य रूप से ऐसा करती भी है। यदि कोई जज ऐसा न करे तो उसकी शिकायत उच्च-न्यायालय से की जा सकती हैं इसके अतिरिक्त महिला घरेलू हिंसा कानून के तहत आवेदन प्रस्तुत कर अपने पति के घर में रहने और प्रतिमाह गुजारा भत्ता प्राप्त करने के लिए आवेदन प्रस्तुत कर उसका आदेश प्राप्त कर सकती है।

भारतीय कानून में महिलाओं के लिए काफी प्रावधान हैं। बस जरूरत है तो महिला को सही मार्ग दिखाने की । इसके लिए बहुत संस्थाएं काम कर रही हैं। यदि महिला अक्षम है तो वह निःशुल्क विधिक सहायता प्राप्त करने के लिए विधिक प्राधिकरण के समक्ष आवेदन प्रस्तुत कर सकती है। वहाँ से सरकारी खर्चे पर उसे वकील उपलब्ध कराया जा सकता है।

- ❑ क्या दीवानी प्रकृति का वाद मामला दायर करने से पूर्व नोटिस भेजना जरूरी है?

- ● सिविल प्रक्रिया संहिता की धारा 80 के अनुसार यदि कोई भी दीवानी वाद किसी सरकार के विरुद्ध या लोक अधिकारी के विरुद्ध उस लोक अधिकारी द्वारा उसकी पदीय हैसियत से किए गए किसी कार्य के संबध में है तो ऐसे वाद के पूर्व नोटिस देना निहायत जरूरी है। ऐसे नोटिस में वादी के नाम, उसके निवास स्थान, वाद का हेतुक और अनुतोष सहित जो उसके वाद में मांगा जाना है, का वर्णन किया जाना आवश्यक है। ऐसा नोटिस केन्द्रीय सरकार के मामले में सरकार के सचिव को, रेलवे के मामले में उस रेल के प्रधान प्रबंधक को, जम्मू कश्मीर की राज्य सरकार के विरुद्ध मुख्य सचिव या उस राज्य सरकार द्वारा नियुक्त किसी अन्य प्राधिकारी को तथा अन्य राज्य सरकारों के मामले में सरकार के सचिव या जिला कलेक्टर को दिया जाना आवश्यक है। ऐसा नोटिस प्राप्त हो जाने के दो माह का समय व्यतीत होने के उपरांत ही ऐसा दावा प्रस्तुत किया जा सकता है।

यदि ऐसा वाद कोई अत्यावश्क या तुरंत अनुतोष प्राप्त करने के लिए हो तो न्यायालय की अनुमति से ऐसा वाद दायर किया जा सकता है। लेकिन वाद में कोई भी अनुतोष चाहे वह अंतरिम ही क्यों न हो प्रतिवादी सरकार या अधिकारी को नोटिस प्राप्त हो जाने और अपना पक्ष रखने का उचित अवसर दिए बिना पारित नहीं किया जा सकता है। यदि न्यायालय यह समझता है कि कोई अत्यावश्यक या तुरंत अनुतोष वांछित नहीं है तो वह वाद को नोटिस देने और समय व्यतीत होने के उपरांत प्रस्तुत करने के लिए प्रस्तुत करने वाले पक्षकार को लौटा देगा। इसके अलावा बहुत-सी सरकारी, अर्धसरकारी और विधि द्वारा स्थापित संस्थाओं और नियमों के विरुद्ध वाद प्रस्तुत करने के लिए नोटिस की आवश्यकता के संबंध में काननू बने हुए हैं, इन कानूनों में कुछ कानून ऐसे भी हैं कि अत्यावश्यक या तुरंत अनुतोष की आवश्यकता होने पर भी बिना नोटिस के ग्रहण किया जाना संभव नहीं है और नोटिस देना जरूरी है। अन्य मामलों में नोटिस देना आवश्यक नहीं है लेकिन यदि किसी संविदा पर आधारित वाद की संविदा में इस तरह की शर्त हो कि नोटिस देना आवश्यक हो या किसी मामले में नोटिस देने पर ही वाद कारण उत्पन्न होता हो तो नोटिस देना आवश्यक होगा अन्यथा नोटिस देना जरूरी नहीं होगा। यहाँ यह भी जान लेना आवश्यक है कि नोटिस भी बहुत सोच-समझकर दिया जाना चाहिए और उसमें कोई भी अनावश्यक बात सम्मिलित नहीं की जानी चाहिए और न ही कोई आवश्यक तथ्य या बात छूटनी चाहिए। अन्यथा नोटिस देना बेकार हो जाएगा। जब भी किसी व्यक्ति को कोई वाद प्रस्तुत करना हो तुरंत किसी अच्छे और विश्वसनीय वकील की सलाह उसे लेनी चाहिए और नोटिस देने का काम वकील से करवाना चाहिए।

❑ मेरी शादी फरवरी 2009 में हुई। शादी के तीसरे महीने से ही समस्या उत्पन्न होने लगी। छोटी-छोटी बातें बड़ी बनने लगीं। मैंने उसे काफी समझाने की कोशिश की। लेकिन कोई फायदा नहीं हुआ। अब दो महीने से पत्नी अपने मायके में है, तीन-चार बार लेने गया। लेकिन नहीं आई जब भी लेने जाता हूँ तो उसके परिवार वाले लड़ने-झगड़ने लगते हैं। वह कहती है बीमार हूँ, जब ठीक हो जाऊँगी, तब आ जाऊँगी। जबकि वह सरकारी अस्पताल में इलाज करवाती है। मैंने कभी भी

प्राइवेट अस्पताल में उसके इलाज के लिए मना नहीं किया। उसके पेट में रसौली है और जब भी गर्भवती हो जाती है तो अनवांटेड 72 खा लेती है। मेरे घरवालों से उसका व्यवहार कभी ठीक नहीं रहा। हमारे बीच झगड़ा हुआ है लेकिन इतना भी नहीं कि वह अपने घर चली जाए। मैंने उससे घरवालों से अलग रहने को भी कहा है लेकिन कोई फायदा नहीं हुआ, मेरे साथ भी नहीं आई। मैं कानून के माध्यम से किस प्रकार अपनी पत्नी को अपने पास ला सकता हूँ?

- जिस तरह से आपने समस्या को रखा है उससे लगता है कि आपका अपनी पत्नी से सबसे बड़ा विवाद संतानोत्पत्ति के विषय में है। हर पति यह समझता है कि पत्नी को तब संतान उत्पन्न करनी चाहिए जब वह या उसका परिवार चाहे। लेकिन संतान को तो पत्नी को जन्म देना है, उसे नौ महीने अपने गर्भ में रखना है और बाद में उसे पालना भी है। इस कारण से संतान कब उत्पन्न करनी है। इस मामले में आप अपनी पत्नी के साथ एक राय बनाइए और जब तक दोनों की एक राय न हो तब तक गर्भ रोकने के साधन अपनाइए। अनवांटेड 72 भी एक तरह से गर्भपात की ही विधि है। इसे बार-बार अपनाने पर महिला के जीवन के लिए खतरनाक भी हो सकती है। आप अपनी पत्नी को कहिए कि जब वह चाहेगी तभी आप संतानोत्पत्ति की दिशा में आगे बढ़ेंगे और इसके पहले गर्भाधान न होने के सहज उपायों का प्रयोग करेंगे। इससे आप और आपकी पत्नी के बीच विश्वास का वातावरण बनेगा और समस्या हल होने की दिशा में बढ़ेगी।

आपकी पत्नी के पेट में रसौली है तो उसका इलाज आप करवाइए। आपकी पत्नी सरकारी अस्पताल में इलाज करवाती है तो इससे आपका खर्च ही कम होगा। जहाँ तक संभव हो वहाँ तक, वह जहाँ कहे वहां उसका इलाज कराने की बात कहिए। इतना करने पर वह जरूर आपके साथ आने को तैयार हो जाएगी।

समाज का माहौल ऐसा है कि हमेशा पत्नी को ही बदलने के लिए कहा जाता है। जिन्हें आप छोटी-छोटी बातें कहते हैं वे उतनी छोटी भी नहीं होतीं। वे ही बड़ी बन जाती हैं। आप छोटी-छोटी बातों पर भी ध्यान देंगे और विचार करेंगे तो पता चलेगा कि उनसे महिलाओं को कितनी ठेस पहुँचती है। जहाँ तक घरवालों को कभी सम्मान न देने वाली बात है

तो आपको यह देखना चाहिए कि आपके घर वालों का व्यवहार उसके साथ कैसा रहा है। आमतौर पर भारतीय परिवारों में पति के अतिरिक्त बाकी सारे संबधियों को केवल बहू के काम से मतलब होता है। उनके व्यवहार से महिला को लगने लगता है जैसे घर में उसकी हैसियत नौकरानी से अधिक की नहीं है, यहीं से अधिकतर विवाद उत्पन्न होते हैं। यदि बहू को घर की बेटी की तरह जगह मिले तो ये समस्याएं समाप्त हो सकती हैं।

पत्नी को कानूनी तरीके से लाने का साधन यही है कि आप खुद प्रयत्न कीजिए, उसके सफल न होने पर वकील से नोटिस भिजवाइए, उससे भी काम न बने तो आप धारा-9 हिन्दू विवाह अधिनियम में अदालत में प्रार्थना पत्र प्रस्तुत कीजिए और वैवाहिक संबंधों की पुनर्स्थापना की डिक्री (आदेश) प्राप्त कीजिए। इस डिक्री के बाद भी वह आपके साथ आकर नहीं रहती है तो आप इसी आधार पर तलाक का दावा पेश कर सकते हैं और तलाक प्राप्त कर सकते हैं।

यदि व्यवहार क्रूरतापूर्ण है तो तलाक का आधार होता है। यदि आपका व्यवहार पत्नी के प्रति क्रूरतापूर्ण है तो पत्नी आपसे और आपकी पत्नी का व्यवहार आपके प्रति क्रूरतापूर्ण है तो आप अपनी पत्नी से इस आधार पर तलाक प्राप्त कर सकते हैं। लेकिन क्रूरता का स्तर आपकी सामाजिक पृष्ठभूमि से तय होगा।

वैवाहिक संबंधों की पुनर्स्थापना की डिक्री आपकी पत्नी के अदालत में न आने पर भी पारित की जा सकती है। लेकिन वैवाहिक संबंधों की पुनर्स्थापना की डिक्री पारित होने की सूचना आपको अपनी पत्नी को भेजनी होगी, तभी आगे की कार्रवाई संभव है। तलाक की एक तरफ डिक्री-पारित होने की भी आपकी पत्नी को सूचना देनी चाहिए वरना वह उसे बाद में पता लगने पर खारिज करवा सकती है और मुकदमे की दुबारा सुनवाई हो सकती है। किसी अच्छे काउंसलर के माध्यम से इस समस्या को हल किया जा सकता है, यदि काउंसलर आप दोनों के बीच विश्वास कायम करने में सफल हो जाए तो आपको अदालत जाने की कोई जरूरत नहीं पड़ सकती है।

❑ मैंने पाँच वर्ष पहले बैंक से एक लाख रुपए का सीसी लोन लिया था। एक साल तक सब ठीक था, लेकिन एक पारिवारिक दुर्घटना के बाद

व्यापार से मेरा मन टूट गया। मेरे एकमात्र बीस वर्षीय पुत्र के निधन के बाद हमारी जीने की तमन्ना टूट गई। अगस्त 2009 तक मैं किसी तरह खाते में ब्याज जमा कराता रहा। पर अब ये संभव नहीं हो पा रहा है। बैंक से एक नोटिस मिला है जिसमें मेरे खाते को एनपीए घोषित कर दिया है। बैंक मैनेजर का भी सहयोग नहीं है। मुझे क्या करना चाहिए?

- आपकी समस्या कानूनी नहीं है। आपने बैंक से कर्ज लिया है और ब्याज भी चुकाते रहे हैं। आपको मूल तो चुकाना ही पड़ेगा। बैंक से कर्ज की शर्तों में यह लिखा होता है कि आप ब्याज नहीं चुकाएंगे तो वह हर तिमाही या छमाही पर मूल में जुड़ता चला जाएगा। तब आपको ब्याज जुड़े हुए मूल पर ब्याज देना होगा। जो अगली तिमाही या छमाही पर उसमें जुड़ जाएगा। जब आप अपने बैंक खाते में एक निश्चित अवधि तक कोई लेन-देन नहीं करते और न ही ब्याज जमा कराते हैं तो वह एनपीए, अर्थात् नाम परफॉर्मेंस एसेट घोषित कर दिया जाता है। ऐसे मागलों में बैंक वसूली की कार्यवाही आरंभ करता है। माना कि आपका व्यापार से दिल हट गया है लेकिन बैंक तो एक वित्तीय संस्था है जिसका बिल बिल्कुल नहीं होता। कोई भी वित्तीय पूंजी साहूकार से भी अधिक क्रूर होती है। अच्छा यह है कि आप किसी भी तरह से बैंक का ऋण जल्दी से जल्दी लौटा दें, यदि उसके लिए अपनी मौजूदा संपत्ति को विक्रय भी करना पड़े तो भी। क्योंकि हर माह बैंक का ब्याज लग रहा है और आपकी कुछ संपत्ति तो घट ही रही है।

  अगर आपने बैंक का कर्ज नहीं चुकाया तो बैंक मुकदमा करके वह राशि आपकी संपत्ति से वसूल कर लेगा। आपके पास उससे बचने का कोई मार्ग शेष नहीं है।

❑ एक भूखंड मेरी माताजी का था। मेरे पिताजी ने उसे बेच दिया और उस भूखंड को बेचने से प्राप्त धन से दूसरे स्थान पर मकान बनवा लिया। मेरे तीन भाई हैं। वर्तमान में मेरे पिताजी मुझे उस संपत्ति में से कोई हिस्सा देना नहीं चाहते। मुझे क्या करना चाहिए?

- आपकी माताजी का भूखंड कैसे खरीदा गया था यह आपने नहीं बताया है। फिर भी यदि यह मान लेते हैं कि आपकी माताजी का भूखंड था। तब भी वह आपके पिताजी ने उनके कहने से बेचा होगा और उसका विक्रय पत्र भी माताजी द्वारा ही निष्पादित किया गया होगा। उसका ध

न उनकी अनुमति से ही दूसरे मकान को बनाने में खर्च किया होगा। आपकी माताजी को जीवनकाल में उन्हें अपने मकान को बेचकर उसका धन पिताजी को देने का पूरा अधिकार था। वैसी स्थिति में आप कुछ नहीं कर सकते।

लेकिन आपके पिताजी ने अगर वह मकान आपकी माताजी के देहावसान के उपरांत विक्रय किया है और आप समझते हैं कि वह मकान अविभाजित हिन्दू संयुक्त परिवार की संपत्ति था तो उसके विक्रय के धन से जो मकान बनाया गया है वह भी संयुक्त हिन्दू परिवार की संपत्ति है जिसके लिए भागीदार आप भी हैं, आप उस संपत्ति के विभाजन के लिए आपके पिताजी और अन्य भागीदारों के विरुद्ध दीवानी वाद प्रस्तुत कर सकते हैं, लेकिन इस विवाद में आपको यह साबित करना होगा कि आपकी माताजी का भूखंड संयुक्त हिन्दू परिवार की संपत्ति था जिसके हकदार आप थे और उस मकान के बेचने से प्राप्त धन से नया मकान बनाया गया है।

❑ गांव में एक 250 वर्ग फुट का भूखंड खरीदा है, विक्रय पत्र को केवल नोटरी द्वारा तस्दीक किया गया है। किस तरह से उसकी रजिस्ट्री कराई जा सकती है?

● किसी भी स्थायी संपत्ति का विक्रय-पत्र कानून द्वारा तभी मान्य हो सकता है जबकि वह उस क्षेत्र पर अधिकारिता रखनेवाले पंजीयक के यहां पंजीकृत हो। यदि आपके पास का दस्तावेज केवल नोटरी द्वारा तस्दीक किया हुआ है तो वह विक्रय पत्र नहीं है केवल विक्रय का अनुबंध है। यदि आप विक्रय का मूल्य अदा कर चुके हैं तो विक्रेता से कहिए कि वह विक्रय पत्र निष्पादित कर पंजीयक के यहां पंजीकृत कराएं।

इसके लिए विक्रेता को उप पंजीयक के कार्यालय में उपस्थित होना पड़ेगा। साथ में आपको दो गवाह भी ले जाने होंगे और ड्यूटी तथा पंजीकरण शुल्क भी अदा करना पड़ेगा। इस तरह पंजीकरण हो जाएगा। यदि विक्रेता विक्रय पत्र निष्पादित करने और पंजीकृत कराने में आनाकानी करे तो आप उसे कानूनी नोटिस दें और फिर भी वह ऐसा न करे तो आप विक्रय पत्र निष्पादित करने और उसे पंजीकृत करवाने के लिए उक्त अनुबंध जो कि संविदा भी है उसकी विनिर्दिष्ट पालन

कराने के लिए न्यायालय में दावा देश कर सकते हैं। न्यायालय डिक्री पारित कर देगा, उसके उपरांत आप उस डिक्री के आधार पर भूखंड का पंजीयन उपपंजीयक के कार्यालय में जाकर करवा सकते हैं।

- शादी के बाद मेरी पत्नी एक महीने मेरे साथ रही। शादी के 3 साल हो चुके हैं। फि वह बी.ए. के पेपर देने अपने मायके चली गई। मैं उसको लाने के लिए कई बार गया। पर वह नहीं आती है। उसका अपने जीजा के साथ नाजायज संबंध है। उसका जीजा मुझे गाली देता है। मैंने केस कर रखा है पर वह तारीख पर नहीं आती है। ससुराल वाले मुझसे पैसे मांगते हैं और न देने पर 498 ए 125 में फंसाने की तैयारी कर रहे हैं। मेरे पास एक फोन की रिकार्डिंग है। मुझे क्या करना चाहिए?

- आपकी पत्नी विवाह के उपरांत केवल एक माह आपके साथ रही है। ऐसी स्थिति में उसे आपको छोड़े तीन साल हो चुके हैं। इस तरह अब 498 ए के मुकदमे चलाने के लिए मियाद समाप्त हो चुकी है। इससे भयभीत होने की आवश्यकता नहीं है। यदि इस तरह की एफ आई आर दर्ज होती है तो आप न्यायालय के समक्ष ऐसी एफ आई आर को निरस्त कराने के लिए याचिका प्रस्तुत कर उस पर आगे की कार्रवाई रुकवा और उसे निरस्त कर सकते हैं।

  आप उसे लाने के लिए कई बार गए हैं, आपके पास इस बात की साक्ष्य अवश्य होंगे जो आपने अपनी पत्नी के विरुद्ध वैवाहिक संबंधों के पुनर्स्थापना का मुकदमा करते समय अवश्य एकत्रित किए होंगे। इस मुकदमे में आपकी पत्नी हाजिर नहीं हुई है, यह अजीब बात है क्योंकि यदि आपकी पत्नी को इस मुकदमे की सूचना की तामील हो चुकी है और वह हाजिर नहीं हो रही है तो मुकदमा उसके विरुद्ध एकतरफा किया जाकर निर्णीत हो जाना चाहिए था। यदि अब तक यह मुकदमा एकतरफा नहीं हुआ है तो आप अपने वकील से कहें कि उसमें एकतरफा निर्णय करवाएं। यह निर्णय होने के बाद भी आपकी पत्नी आपके पास नहीं लौटती है तो आप इसी आधार पर तलाक हासिल कर सकते हैं। बिना किसी कारण वे तीन साल से आपके पास न रहने के कारण भी आप अपनी पत्नी से तलाक हासिल कर सकते हैं।

  आपने कहा हैं कि आपकी पत्नी के उसके जीजा के साथ नाजायज संबंध हैं, लेकिन आपकी धारणा अनुमान पर आधारित हो सकती है।

आपके पास इसके सबूत हों या इसके गवाह आपके पास उपलब्ध हैं तो आप इस आधार पर भी तलाक प्राप्त कर सकते हैं।

❑ यदि कोई अपने माता-पिता और अभिभावकों की स्वीकृति के बिना विवाह करना चाहता है, ऐसी अवस्था में वधू के परिजनों द्वारा दर्ज कराई गई प्रथम सूचना रिपोर्ट से उत्पंन्न पुलिस कार्रवाई से विवाहित युगल को सुरक्षा प्रदान करने हेतु कौन-सी अदालत सबसे उपयुक्त होगी?

● यदि दो विवाह योग्य उम्र के वयस्क विवाह चाहते हैं तो कर सकते हैं। हमारा समाज अभी इसे स्वीकार नहीं कर पाता है। ऐसी स्थिति में वधू के परिजन का अपहरण करने के अपराध की शिकायत पुलिस में दर्ज कराते हैं और पुलिस पर दबाव बनाते हैं कि वधू को बरामद किया जाए और वर को गिरफ्तार कर उसके विरुद्ध अपहरण और अन्य धाराओं में मुकदमा दर्ज किया जाए। ऐसी अवस्था में क्या किया जाए? यह एक बड़ा प्रश्न विवाहित युगल के समक्ष आ जाता है। यदि विवाहित युगल कोर्ट मैरिज करता है तो किसी तरह उन्हें परेशान नहीं कर सकती है। लेकिन ऐसा होता नहीं है। इस तरह के विवाह अक्सर आर्य समाज में या किसी अन्य नगर के काजी द्वारा संपन्न होते हैं।

ऐसे विवाह के उपरांत वर-वधू को चाहिए कि वे तुरंत जिस पुलिस थाने में मुकदमा दर्ज किया गया है उस थाने के मुकदमे सुनने का क्षेत्राधिकार जिस मजिस्ट्रेट के न्यायालय को है उस न्यायालय में उपस्थित होकर एक आवेदन प्रस्तुत करें कि वे विवाह करने की आयु प्राप्त कर चुके हैं और वयस्क हैं। उन्होंने विधिपूर्वक विवाह किया है। उनके परिजनों ने मिथ्या रिपोर्ट दर्ज कराई है, इस कारण से प्रथम सूचना रिपोर्ट को रद्द किया जाए। वह मजिस्ट्रेट दोनों के आयु प्रमाण-पत्र देखकर और दोनों के बयान लेकर प्रथम सूचना रिपोर्ट को रद्द कर सकता है।

❑ पिछले पाँच वर्षों से किराएदार मुझे किराया नहीं दे रहे हैं। मैं उनसे किराया कैसे प्राप्त कर सकता हूँ?

● तीन वर्ष से पहले का किराए के लिए तो आप अदालत में मुकदमा भी नहीं कर सकते। यदि पाँच वर्ष से अधिक समय से किराएदार ने किराया अदा नहीं किया है तो आप उनसे अपना मकान/दुकान खाली कराने के अधिकारी हो गए हैं। आप तुरंत किसी अच्छे और विश्वसनीय

वकील से सलाह लें और किराएदार को बकाया किराया अदा करने, किराएदारी समाप्त करने तथा मकान/दुकान खाली करने का नोटिस भिजवाएं। नोटिस की अवधि समाप्त हो जाने के उपरांत सक्षम न्यायालय में किराया प्राप्ति और मकान/दुकान खाली करने का दावा प्रस्तुत कराएं। दावे के दौरान किराएदारों को बकाया किराया तुरंत आपको अदा करना होगा या न्यायालय में जमा कराना होगा और बाद में प्रतिमाह आपको किराया प्राप्त होता रहेगा। इतनी अवधि में तो किराया बढ़ाने का भी आपको अधिकार मिल चुका है। आप चाहें तो नोटिस में किराया बढ़ाने का योग भी परिभाषित कर सकते हैं और तीनों कामों के लिए एक साथ अदालत में दावा कर सकते हैं।

❑ 18 वर्ष से अधिक की एक लड़की 37 वर्ष से अधिक के पुरुष के साथ प्यार करती है और उसके साथ विवाह करना चाहती है और उसके पास उम्र का हाईस्कूल प्रमाण-पत्र जैसा कोई आधिकारिक प्रमाण पत्र नहीं है, तो-

1. क्या वह उम्र के इस बड़े अंतर के बावजूद न्यायालय में विवाह कर सकती है?
2. क्या जिले के मुख्य चिकित्सा अधिकारी द्वारा प्रदत्त उम्र का प्रमाण पत्र आधिकारिक है?
3. यदि यह अंतर्जातीय विवाह हो तो सरकारी नौकरी पर क्या प्रभाव पड़ेगा?
4. इस मामले में जिला न्यायालय बेहतर है या उच्च न्यायालय?

●

1. स्त्री-पुरुष की उम्र का अंतर विवाह में कानूनी रूप से बाधक नहीं हो यदि विवाह करने वाले स्त्री-पुरुष दोनों ही व्यक्तिगत कानून के अनुसार विवाह योग्य उम्र के हो चुके हों। हिन्दू विधि के अनुसार स्त्री का 18 वर्ष और पुरुष का 21 वर्ष या उससे अधिक का होना आवश्यक है। दोनों के बीच विवाह के लिए निषिद्ध संबंध जैसे सगोत्रीयता आदि नहीं होना चाहिए। उम्र का अंतर विवाह में बाधक नहीं है। लेकिन आज समाज में पांच वर्ष से अधिक अंतर के विवाह को बेमेल विवाह ही कहा जाएगा।
2. जब उम्र का कोई प्रमाण-पत्र ही नहीं है तो जिले के मुख्य चिकित्सा अधिकारी के आदेश से गठित मेडिकल बोर्ड द्वारा चिकित्सकीय जाँच

के उपरांत प्रदत्त किया गया प्रमाण-पत्र कानूनी रूप से उम्र के प्रमाण-पत्र के रूप में मान्यता प्राप्त और आधिकारिक होगा।

3. कोई विवाह अंतर्जातीय होने से सरकारी नौकरी पर कोई अंतर नहीं पड़ेगा।

4. यदि आपको विवाह न्यायालय के माध्यम से कराना है तो इसके लिए दोनों ही अदालतों की आवश्यकता नहीं है। विशेष विवाह अधिनियम के अंतर्गत जिला कलेक्टर को विवाह कराने और उनका पंजीकरण करने का अधिकार है। आपको विवाह हेतु जिला कलेक्टर जो कि विवाह पंजीयक भी होता है, के यहाँ आवेदन करना होगा। हो सकता है किसी राज्य या बड़े नगर में कलेक्टर के अतिरिक्त किसी अन्य अधिकारी को विवाह पंजीयक नियुक्त किया गया हो। यदि ऐसा है तो आपको यह आवेदन विवाह पंजीयक के सामने प्रस्तुत करना होगा।

❑ हम दो भाई और दो बहनें हैं। मेरी दोनों बहनों और हम दोनों भाइयों की शादी हो चुकी है। मेरे पिताजी ने जो मेरे दादा के नाम पर मकान था उसे बेचकर उस रुपए से दूसरा प्लॉट अपने नाम पर खरीदकर नया मकान बनाया और हम सब उस मकान में रहने लगे। इस मकान में आते ही मेरे पिताजी और माताजी ने हम दोनों भाइयों और हमारे बच्चों से झगड़ा करना शुरू कर दिया। मेरी इतनी आमदनी नहीं है कि मैं दूसरी जगह रहने लगूं। मेरी समस्या का हल बताएं।

● आपकी समस्या वास्तव में आम निम्न-मध्यमवर्गीय परिवारों की व्यथा-कथा है। यहाँ संतानों के बालिग हो, कमाने लायक हो जाने और उनके विवाह हो जाने पर माता-पिता की आकांक्षा रहती है कि अब वे माता-पिता की सेवा करें और उनका खर्च भी उठाएं। अधिक उम्र में माता-पिता कमाने की स्थिति में भी नहीं रहते। उन्हें अपनी पुत्रियों के प्रति भी अपने सामाजिक दायित्वों का निर्वाह करना पड़ता है। दूसरी ओर इस युग में अधिकतर बेटे जिनकी आय बहुत अधिक नहीं होती, अपनी आय में अपने पारिवारिक सामाजिक स्तर को बनाए रखने में अक्षम होते हैं। यहीं विवाद शुरू होता है। आर्थिक बदहाली से, परिवार में पहले नाराजगी और फिर झगड़े आरंभ होते हैं, फिर कटुता बढ़ती है और नौबत वहाँ तक आ जाती है जहाँ तक आपके परिवार में पहुँच चुकी है। इन समस्याओं के हल अदालत में कानूनी तरीके से सुलझाना

बेहद कठिन होता है। यदि ये झगड़े बैठकर समझ-बुझ से सुलझा लिए जाएं तो बहुत अच्छा है।

जहां तक कानून का प्रश्न है, आपके पिता का वर्तमान मकान रिकॉर्ड में उनकी स्व-अर्जित संपत्ति के रूप में दर्ज है और उस पर उनका पूरा अधिकार है। इस मकान को पुश्तैनी मकान को बेचकर बनाया गया है तो यह पुश्तैनी संपत्ति माना जा सकता है। लेकिन इसके लिए आपको इस संपत्ति को पुश्तैनी संपत्ति बताते हुए उसके विभाजन के लिए दावा करना होगा। जिसमें आपको यह साबित करना होगा कि यह महान पुश्तैनी मकान को बेचकर उस धन से बनाया गया था। इसके लिए दस्तावेज और गवाहियाँ करानी होगी। इस विंभाजन में पाँच हिस्से होंगे एक आपके पिता का और चार आप भाई बहनों के। आपके हिस्से में केवल पाँचवां भाग आएगा। इस दावे से आप अपने दादाजी की समस्त संपत्ति के विभाजन की मांग कर सकते हैं। इस दावे में आप एक आवेदन प्रस्तुत कर उस मकान से दावे के निर्णय तक आपको न निकाले जाने की आज्ञा भी अदालत से प्राप्त कर सकते हैं।

लेकिन विभाजन के दावे बहुत मुश्किल होते हैं। जिस तरह हमारे देश में जरूरत की केवल बीस फीसदी अदालतें हैं, मुकदमों के निर्णय देरी से होते हैं। इस तरह के दावों में अनेक बार पीढ़ियां गुजर जाती हैं। इसलिए इस समस्या को आपसी समझौते से हल कर लेना बेहतर होगा। आप आपसी समझौते के लिए विधिक सेवा प्राधिकरण में आवेदन प्रस्तुत कर सकते हैं जहां प्राधिकरण सबको बुलाकर समझौता कराने की कार्यवाही कर सकता है। इसके लिए आपको किसी अच्छे विश्वसनीय स्थानीय वकील की मदद लेनी होगी।

- मैंने अपनी पत्नी के परिवार की मर्जी के खिलाफ आर्य समाज मंदिर में शादी की थी। शादी के दिन ही पत्नी के परिवार वाले उसको जबरदस्ती मेरे घर से ले गए। बाद में उन लोगों ने मुझे मजबूर करके आर्य समाज मन्दिर का प्रमाण-पत्र और कोर्ट के पेपर भी ले लिए। अब पत्नी ने भी मेरे साथ रहने से मना कर दिया है। मैं बहुत मानसिक अवसाद में हूँ। हम दोनों बालिग हैं और अलग- अलग जाति के हैं, इसलिए पत्नी के परिवार को हमारी शादी पर ऐतराज है। मैं अपनी पत्नी को वापस लाना चाहता हूँ। अब मेरी पत्नी का रिश्ता उसके परिवार ने कहीं कर दिया

है। मुझे सलाह दीजिए कि मैं अपनी पत्नी को कैसे वापस ला सकता हूँ और अगर वह मुझसे बिना तलाक प्राप्त किए शादी करना चाहे तो क्या यह संभव है शादी के कितने समय बाद वो उसकी दूसरी शादी कर सकते हैं? हम एक दिन भी साथ नहीं रहे हैं, क्या तलाक के लिए वो कारण बताएंगे?

- आपने पत्नी के साथ आर्य समाज में विवाह किया है, वह पूरी तरह से वैध है। आपकी पत्नी को जब तक किसी न्यायालय से तलाक नहीं मिल जाता है तब तक वह आपकी पत्नी रहेगी। बिना आपसे तलाक किए उसकी शादी किसी दूसरे व्यक्ति के साथ की जाती है तो वह पूरी तरह से अवैध होगी। आपकी पत्नी के परिवार वाले उसे जबरदस्ती आपके घर से ले गए, उसकी आपको पुलिस में रिपोर्ट करानी चाहिए थी। पुलिस द्वारा रिपोर्ट न लिखे जाने पर आप अदालत में अपनी शिकायत दर्ज करा सकते थे जिसे अन्वेषण के लिए पुलिस को भेजा जा सकता था।

यदि आपसे आर्य समाज द्वारा दिया गया विवाह का प्रमाण-पत्र छीन लिया गया है तो उसकी प्रतिलिप्रि आप आर्यसमाज से पुनः प्राप्त कर सकते हैं और उसे सबूत के बतौर किसी भी न्यायालय में प्रस्तुत कर सकते हैं। यदि आप अपनी पत्नी को वापस लाना चाहते हैं तो उच्च न्यायालय में बंदीप्रत्यक्षीकरण याचिका प्रस्तुत कर सकते हैं, जिस पर उसकी पत्नी को न्यायालय में प्रस्तुत किया जा सकता है और आपकी पत्नी वहाँ आपके साथ रहने को कह देती है तो वह आपके पास रह सकेगी। हाँ, आपकी पत्नी की इच्छा के विरुद्ध उसे आपके पास नहीं भेजा जा सकता है।

यदि आपकी पत्नी स्वयं ही नहीं आना चाहती है तो आप अपनी शादी के प्रमाण पत्र के आधार पर उसके विरुद्ध वैवाहिक संबंधों की पुनर्स्थापना के लिए हिन्दू विवाह अधिनियम की धारा 9 के तहत परिवार न्यायालय या जिला न्यायालय के समक्ष अर्जी पेश कर सकते हैं। यदि आपकी पत्नी का विवाह दूसरे किसी व्यक्ति के साथ किए जाने की संभावना है तो आप अपनी पत्नी के संबंधियों और जिससे शादी की जा रही है उस व्यक्ति के और उसके संबंधियों के विरुद्ध ऐसे विवाह को रोके जाने के लिए सिविल न्यायालय के समक्ष दीवानी

वाद प्रस्तुत करके शादी पर स्थगन प्राप्त कर सकते हैं और विवाह रुकवाने के लिए पुलिस की मदद भी। इन सबके लिए आपको किसी अच्छे और विश्वसनीय वकील की मदद लेनी चाहिए।

- ❑ मैंने अपने पति के विरुद्ध क्रूरतापूर्ण व्यवहार की शिकायत की थी और 498-ए का मुकदमा दर्ज हो गया था। अब मैं तलाक लेना चाहती हूँ। ऐसी स्थिति में 498-ए की कार्यवाही का क्या होगा?
- ● तलाक आपके द्वारा दिए गए सबूतों पर होता है तो 498-ए चलता रहेगा और यदि तलाक की अर्जी के बाद पति पक्ष सहमति से तलाक लेने का प्रस्ताव रखता है इस आधार पर कि आप 498 ए हटा लें, तो आप चाहें तो अपनी स्थायी पुनर्भरण की राशि बता दें। वे देने को तैयार हों और आप 498 ए वापस लेने को तो समझौते से सब कुछ हो जाएगा और दोनों अपना जीवन अपने तरीके से गुजारने के लिए स्वतंत्र होंगे। यदि आप चाहें कि क्रूरता का अपराध करने वालों को सजा अवश्य मिलनी चाहिए तो आप अपने सबूतों के आधार पर तलाक ले लें। 498 ए चलता रहेगा, पर थोड़ा समय अधिक लगेगा। नया जीवन आरंभ करने में देरी लगेगी।
- ❑ स्थायी संपत्ति खरीदने से पहले कैसी सावधानी बरतनी चाहिए?
- ● जब भी कोई स्थायी संपत्ति खरीदी जाए तो खरीददार का यह दायित्व होता है कि वह संपत्ति के संबंधों में छानबीन कर खरीदे कि संपत्ति किसी प्रकार से झगड़े की तो नहीं है, उस पर कोई भार तो नहीं है और कोई मुकदमा वगैरह तो नहीं चल रहा है। यह जानकारी सबसे पहले तो खरीददार को विक्रेता से ही मिलती है। बीच में कोई दलाल हो तो उससे पता लग सकती है, जहाँ वह संपत्ति स्थित है उसके पड़ोसियों से पता लग सकती है विक्रेता द्वारा दिखाए गए संपत्ति के स्वामित्व के दस्तावेजों से पता लगती है और उप-पंजीयक के कार्यालय में संबंधित संपत्ति के संबंध में किसी वकील द्वारा तलाश करवाकर की जा सकती है। वकील इसके लिए संपत्ति के भार मुक्त होने का प्रमाण-पत्र भी बनवा कर देगा। इस तरह के प्रमाण-पत्र सभी वित्तीय संस्थान जो संपत्ति की खरीद और उस पर निर्माण के लिए ऋण प्रदान करते हैं उनके अनुसूचित वकीलों में से किसी एक से ऐसा प्रमाण पत्र बनवाते हैं। किसी भी खरीददार को संदेह होने पर कि संपत्ति के

स्वामित्व में कोई झगड़ा हो सकता है, ऐसा प्रमाण-पत्र बनवा लेना चाहिए। वह प्रमाण-पत्र इस बात का सबूत होता है कि आपने संपत्ति के संबंध में सब तरह की छानबीन कर ली थी और विक्रेता के स्वामित्व से संतुष्ट थे।

- ❑ मैं एक हिन्दू युवक हूँ और एक मुस्लिम युवती से शादी करना चाहता हूँ। यह कैसे मुमकिन हो सकता है?
- ● अगर आप दोनों में से कोई धर्म परिवर्तन नहीं करना चाहता तो आप विशेष विवाह अधिनियम के तहत अपने विवाह को पंजीकृत करवा सकते हैं। अगर आपमें से कोई धर्म परिवर्तन कर लेता है तो संबंधित धर्म के विवाह कानून के अंतर्गत आप विवाह कर सकते हैं।
- ❑ मैं 32 वर्षीय महिला हूँ। दो सालों से मैं अपने पति से अलग रह रही हूँ। मेरे पति ने जबरन हमारे चार वर्षीय बेटे को अपने पास रखा है। मेरे पति शराबी हैं और बेटे की ठीक से देखभाल नहीं कर सकते। बेटे को अपने पास लाने के लिए मुझे क्या करना चाहिए?
- ● आप अदालत में इस आधार पर अपने बेटे की कस्टडी हासिल करने के लिए प्रार्थना पत्र प्रस्तुत कर सकती हैं कि आपका पति शराबी है।
- ❑ मैं 28 वर्षीया विवाहित महिला हूँ। मेरे पति दहेज के लिए मुझे सताते हैं। मुझे क्या करना चाहिए?
- ● इस मामले में आप डी सी पी (महिला प्रकोष्ठ) से मिल सकती हैं और भारतीय दंड संहिता की धारा 498 ए के तहत अपने पति के खिलाफ शिकायत दर्ज करवा सकती हैं। आप पारिवारिक अदालत मे अलग से तलाक की याचिका दायर कर सकती हैं।
- ❑ हिन्दू विवाह अधिनियम के तहत कोई व्यक्ति विवाह के कितने समय बाद तलाक ले सकता है?
- ● हिन्दू विवाह अधिनियम 1955 की धारा 14 के अनुसार विवाह के बाद एक साल तक तलाक की याचिका दायर नहीं की जा सकती, लेकिन यदि याचिका कर्ता की समस्या असामान्य किस्म की हो तो उच्च न्यायालय को यह अधिकार है कि वह एक साल से पहले ही याचिका दायर करने की अनुमति दे सकता है।
- ❑ मेरी पत्नी दूसरे लोगों की मौजूदगी में मुझे बार-बार अपमानित करती है और मेरी आय की तुलना में अधिक खर्च करने के लिए दबाव

डालती है। वह मुझे कर्ज लेने के लिए कहती है। मैं तंग आ चुका हूँ और तलाक लेना चाहता हूँ। क्या उसका व्यवहार मेरे प्रति क्रूरतापूर्ण नहीं कहलाएगा जिसके आधार पर मैं तलाक मांग सकूँ?

- जीवनसाथी को दूसरे लोगों की मौजूदगी में बार-बार अपमानित करना क्रूरतापूर्ण व्यवहार कहलाएगा। पति को आय से अधिक खर्च करने के लिए कहना और फिजूलखर्ची पर लगाम नहीं लगाना भी खास परिस्थितियों में क्रूरतापूर्ण व्यवहार कहलाएगा। वैवाहिक जीवन सामंजस्य और सद्भाव पर आधारित होना चाहिए। जो भी सीमित जीविका के साधन उपलब्ध हों उसी के सहारे गृहस्थी का खर्च चलाना चाहिए। पति को आय से अधिक खर्च करने और कर्ज में डूबने के लिए कहना अविवेकपूर्ण व्यवहार कहलाएगा और इस तरह वैवाहिक जीवन बिखर सकता है। पत्नी के ऐसे बर्ताव को आधार बनाकर आप तलाक की याचिका दायर कर सकते हैं।

❑ मेरी पत्नी मेरे वरिष्ठ अधिकारियों को झूठे पत्र लिखकर मुझ पर आरोप लगाती रहती है कि दूसरी स्त्री के साथ मेरे नाजायज संबंध हैं। जब मेरे माता-पिता मेरे घर में रहने के लिए आते हैं तो वह उनके साथ खराब बर्ताव करती है। उसके ऐसे बर्ताव के आधार पर क्या मैं तलाक ले सकता हूँ?

- अगर पत्नी अपने पति के उच्च अधिकारियों, सहकर्मियों एवं अन्य व्यक्तियों को झूठे पत्र लिखकर पति पर परस्त्रीगमन का कलंक लगाती है तो यह क्रूरतापूर्ण व्यवहार कहलाएगा। इसी तरह अपने पति के माता-पिता के साथ उसका खराब व्यवहार भी क्रूरतापूपर्ण व्यवहार की श्रेणी में आएगा। आप अपनी पत्नी के ऐसे व्यवहार के आधार पर हिन्दू विवाह अधिनियम के तहत उससे तलाक मांग सकते हैं।

❑ मेरा विवाह हिन्दू विवाह अधिनियम के तहत हुआ था लेकिन विवाह को विशेष विवाह अधिनियम के तहत पंजीकृत किया गया था। अब मेरे पति मुझे अपने साथ शारीरिक संबंध बनाने की इजाजत नहीं देते। मुझे बताया गया है कि इस आधार पर मैं विशेष विवाह अधिनियम के तहत तलाक ले सकती हूँ। कृपया मेरा मार्गदर्शन करें।

- हिन्दू विवाह अधिनियम के तहत यदि विवाह के समय पति नपुंसक हो और प्रार्थना पत्र दायर करने के समय तक यह स्थिति बनी रहे तो

तलाक मांगा जा सकता है। विशेष विवाह अधिनियम की धारा 25 (1) के तहत अगर कोई जीवनसाथी जानबूझकर वैवाहिक संबंध की उपेक्षा करता है तो इस आधार पर संबंध विच्छेद के लिए याचिका दायर की जा सकती है।

- ❑ मेरी सहेली के पति ने उसे छोड़ दिया और दूसरी औरत से विवाह कर लिया। हिन्दू विवाह कानून के तहत मेरी सहेली के पति के खिलाफ क्या कार्रवाई की जा सकती है?.
- ● हिन्दू विवाह कानून के अनुच्छेद 17 के तहत परस्त्रीगमन दंडनीय अपराध है। भारतीय दंड संहिता की धारा 494 व 495 के तहत इसके लिए दंड का प्रावधान है। धारा 494 के तहत दोषी व्यक्ति को सात वर्ष तक की कैद और जुर्माने की सजा सुनाई जा सकती है। आपकी सहेली को अपने पति के खिलाफ पुलिस .के पास शिकायत दर्ज करवानी चाहिए।
- ❑ कृपया मुझे बताएं कि हिन्दू विवाह कानून के तहत विवाह करने के लिए न्यूनतम उम्र क्या है?
- ● हिन्दू विवाह कानून के अनुच्छेद 5 (iii) के तहत वर की उम्र 21 वर्ष और वधू की उम्र 18 वर्ष होनी चाहिए। यदि निर्धारित उम्र से कम उम्र में विवाह किया जाता है तो दोषी को 15 दिन तक का कारावास और जुर्माने की सजा हो सकती है। जुर्माने की राशि 1000 रुपए तक हो सकती है।
- ❑ मेरा विवाह 25 दिसंबर, 2006 को हुआ। 1 दिसंबर, 2007 को मेरी पत्नी ने घर छोड़ दिया और नौकरीपेशा औरत के रूप में वह, तब से आज तक मुझसे अलग रह रही है। हम दोनों का स्वभाव एक दूसरे के प्रतिकूल है और झगड़े होते रहे हैं। हम दोनों आपसी सहमति से तलाक लेने के लिए संयुक्त रूप से याचिका दायर करना चाहते हैं। हम ऐसा किस तरह कर सकते हैं, हमें तलाक मिलने में कितना वक्त लगेगा? तलाक की डिक्री मिलने के बाद कितना समय गुजरने पर कोई व्यक्ति दूसरा विवाह कर सकता है?
- ● हिन्दू विवाह कानून, 1955 के अनुच्छेद 1.3 बी के तहत आपसी सहमति से पति-पत्नी तलाक ले सकते हैं। उक्त अनुच्छेद में प्रावधान है कि जब पति-पत्नी एक वर्ष से अधिक समय से अलग-अलग रह रहे हों और भविष्य में दोनों एक साथ रहने के लिए रजामंद नहीं हों तब दोनों आपकी सहमति से तलाक लेने के लिए याचिका दायर कर

सकते हैं। अलग-अलग रहने के आशय को उच्चतम न्यायालय ने परिभाषित किया है - "पति और पत्नी के रूप में साथ-साथ नहीं रहना और शारीरिक संबंध नहीं स्थापित करना, भले ही पति और पत्नी ही एक छत के नीचे क्यों न रहते हों।" चूंकि आपकी पत्नी 1 दिसंबर, 2007 को आपका घर छोड़कर जा चुकी है, आप तर्क दे सकते हैं कि आपकी पत्नी एक साल से अधिक समय से आपसे अलग रह रही है और पिछले एक वर्ष के दौरान आप दोनों के बीच शारीरिक संबंध कायम नहीं हुआ है। आप अदालत में तलाक के लिए संयुक्त रूप से याचिका दायर कर सकते हैं। अदालत कम से कम छह महीने, ज्यादा से ज्यादा अट्ठारह महीने का समय दोनों पक्षों को देती है ताकि दोनों अदालत में दोबारा आकर संबंध विच्छेद की मांग दोहरा सकें, दोनों पक्षों द्वारा इस तरह दोबारा अलग होने की इच्छा व्यक्त करने पर अदालत की डिग्री पारित करती है। अगर संयुक्त याचिका दायर करने के छह महीने बाद पति-पत्नी में से कोई एक तलाक लेने का इरादा बदल लेता है तो फिर अदालत तलाक को मंजूरी नहीं देती। इसके अलावा तलाक की डिक्री देने से पहले अदालत इस बात की तसल्ली कर लेती है कि कहीं बलप्रयोग या छल के जरिए या पत्नी को तलाक मांगने के लिए बाध्य तो नहीं किया जा रहा।

जहाँ तक तलाक लेने के बाद पुनर्विवाह का प्रश्न है, हिन्दू विवाह कानून के अनुच्छेद 15 के अनुसार जब तलाक की डिक्री मिल चुकी हो, जब डिक्री के विरुद्ध अपील करने का अधिकार नहीं हो और अगर ऐसा अधिकार हो तो निर्धारित अवधि में अपील नहीं की गई हो या अपील खारिज हो चुकी हो तो दोनों पक्षों द्वारा पुनर्विवाह करना कानून सम्मत माना जाएगा हिन्दू विवाह कानून के अनुच्छेद 28 के अनुसार तलाक का डिक्री की तिथि के बाद तीस दिनों के भीतर दायर की जानी चाहिए।

❑ अगर पत्नी पति का घर छोड़कर चली जाए और बगैर किसी उचित वजह के अलग रहने लगे तो क्या पति उससे तलाक ले सकता है? क्या तलाक की याचिका दायर करने के लिए कोई अवधि निर्धारित है?

● अगर पत्नी पति का घर छोड़कर चली गई हो और बगैर किसी उचित कारण के उससे अलग रह रही हो तो पति उससे इस आधार पर तलाक ले सकता है। इसके लिए शर्त यह है कि पत्नी कम से

कम दो वर्षों से अलग रह रही हो। ऐसी स्थिति में तलाक की याचिका दायर की जा सकती है। अगर आप अपनी पत्नी से तलाक लेना चाहते हैं तो आपको अदालत में यह बात साबित करनी होगी कि अकारण ही आपकी पत्नी आपको छोड़कर चली गई और पिछले दो वर्षों से वह आपसे अलग रह रही है।

❑ अगर पत्नी पति को छोड़कर बगैर उचित कारण के अलग रह रही हो तो क्या उससे तलाक लिया जा सकता है? रोजमर्रा की जिंदगी में पति-पत्नी के बीच होनेवाले झगड़ों के आधार पर क्या दोनों एक-दूसरे से तलाक ले सकते हैं? क्या मानसिक क्रूरता के आधार पर पति-पत्नी एक दूसरे से तलाक ले सकते हैं, भले ही शारीरिक क्रूरता का बर्ताव न किया गया हो?

● पति को यह हक है कि अगर किसी उचित कारण के बगैर उसकी पत्नी उसे छोड़कर अलग रह रही हो तो वह अदालत में तलाक की याचिका दायर कर सकता है। लेकिन शर्त यह है कि जिस समय याचिका दायर की जाए उस समय पत्नी को घर छोड़े हुए कम से कम दो वर्ष का समय पूरा हो जाना चाहिए, रोजमर्रा की जिंदगी में पति-पत्नी के बीच होने वाले झगड़ों के आधार पर दोनों एक दूसरे से तलाक नहीं मांग सकते। कानून स्पष्ट रूप से बताता है कि वैवाहिक जीवन में अक्सर होने वाले झगड़ों के आधार पर तलाक की याचिका दायर नहीं की जा सकती। तलाक के लिए किसी ठोस वजह का होना जरूरी है। भले ही शारीरिक क्रूरता का बर्ताव नहीं किया गया हो, फिर भी मानसिक क्रूरता के आधार पर तलाक मांगा जा सकता है। शर्त यह है कि मानसिक क्रूरतापूर्ण आचरण ऐसा होना चाहिए जिसका गहरा प्रभाव पति या पत्नी पर पड़ा हो और उसके लिए वैवाहिक जीवन को निभाना उसके स्वास्थ्य के लिए खतरनाक हो गया है।

❑ अगर पत्नी-पति में से कोई एक किसी भी कीमत पर तलाक देने के लिए सहमत नहीं तो तो तलाक की डिक्री लेने में अधिकतम कितना समय लग सकता है?

● अगर एक जीवनसाथी किसी भी कीमत पर तलाक देने के लिए सहमत नहीं हो तो दूसरे जीवनसाथी को अदालत में तलाक के लिए याचिका दायर करनी चाहिए। हालांकि तलाक कुछ विशेष परिस्थितियों को ध्यान में रखते हुए हिन्दू विवाह कानून के अनुच्छेद 13 के तहत दिया जा

सकता है। तलाक के लिए जरूरी आधारों में क्रूरता, अलगाव, दूसरे व्यक्ति के साथ स्वैच्छिक शारीरिक संबंध, पति या पत्नी में से किसी एक का मानसिक रूप से रुग्ण होना, पति या पत्नी द्वारा धर्म परिवर्तन, कुष्ठ रोग, यौन रोग, पति-पत्नी में से किसी एक का 7 वर्ष से अधिक समय तक लापता रहना प्रमुख आधार है। तलाक की डिक्री लेने के लिए कोई समय सीमा निर्धारित नहीं है चूंकि यह कई परिस्थितियों पर निर्भर करता है, फिर भी एक अनुमान के मुताबिक किसी जिला न्यायालय में इस तरह के मुकदमे का फैसला आने में लगभग 4 से 5 वर्ष तक का समय लग सकता है।

- आपसी सहमति से पति-पत्नी द्वारा तलाक के लिए याचिका दायर करने के बाद छह महीनों के भीतर पति या पत्नी अगर तलाक लेने का इरादा बदल ले तो दूसरे पक्ष के सामने तलाक की डिक्री हासिल करने के लिए क्या विकल्प रह जाता है? पति-पत्नी में से कोई एक तलाक की याचिका वापस कैसे ले सकता है?

- हिन्दू विवाह अधिनियम, 1995 के अनुच्छेद 13 बी के तहत पति-पत्नी आपकी रजामंदी से अदालत में तलाक के लिए संयुक्त याचिका दायर कर सकते हैं। याचिका दायर होने के बाद और दोनों पक्षों का बयान दर्ज करने के बाद अमूमन अदालत छह महीने के लिए कार्यवाही को स्थगित कर देती है। छह महीने बाद फिर दोनों पक्षों को अदालत में उपस्थित होकर तलाक की मांग करते हुए पहले दायर की गई याचिका की पुष्टि करनी पड़ती है। इसके बाद ही अदालत की तरफ से तलाक की डिक्री दी जाती है। छह महीने की अवधि में जब मामला स्थगित होता है, पति-पत्नी में से कोई भी तलाक की रजामंदी वापस ले सकता है। ऐसी परिस्थितियों में अदालत तलाक की डिक्री देने से मना कर देती है। याचिका दायर करने के बाद छह महीने की अवधि के भीतर रजामंदी वापस लेने के लिए पति या पत्नी को अदालत में प्रार्थना पत्र देकर बताना पड़ता है कि वह आपकी सहमति से तलाक लेने के लिए तैयार नहीं है। ऐसी स्थिति में अदालत तलाक की डिक्री नहीं दे सकती है। ऐसा होने पर तलाक चाहने वाले पति या पत्नी के पास यही विकल्प बचता है कि वह हिन्दू विवाह अधिनियम के अनुच्छेद 13 के तहत तलाक के लिए सामान्य याचिका अदालत में दायर करें। इसके लिए निर्धारित आधार हैं - क्रूरता, अलगाव, दूसरे व्यक्ति के साथ स्वैच्छिक

रूप से शारीरिक संबंध, कुष्ठरोग, यौन रोग, पति या पत्नी का 7 वर्षों से अधिक समय से लापता होना।

- ❑ आपसी सहमति से तलाक के लिए संयुक्त रूप से याचिका दायर करने के बाद क्या कोई ऐसा तरीका है जिससे तलाक की डिक्री 6 महीने की जगह 2 महीने में ही हासिल की जा सके? मान लिया जाए कि किन्हीं हथकंडों का इस्तिमाल कर 2 महीने में तलाक की डिक्री ले ली जाए तो क्या बाद में पति या पत्नी में से कोई इस तरह की डिक्री के खिलाफ अपील कर सकता है?

- ● हालांकि हिन्दू विवाह अधिनियम के अनुच्छेद 13 बी के अनुसार यह प्रावधान है कि आपसी सहमति से तलाक के लिए दायर की गई संयुक्त याचिका के मामले में अदालत मामले को कम से कम 6 महीने (और 18 महीने से अधिक नहीं) के लिए स्थगित रखेगी और उस अवधि के बाद दोनों पक्षों को अदालत में फिर आकर संयुक्त रूप से तलाक की मांग करते हुए याचिका की पुष्टि करनी होगी, लेकिन अदालतों के कई फैसलों की रोशनी में देखा गया है कि निर्धारित अवधि को ऐसी स्थिति में घटाया जा सकता है, जब अदालत को इस बात की तसल्ली हो जाए कि संयुक्त याचिका दायर करने के पीछे किसी प्रकार का बल प्रयोग, धोखाधड़ी या अन्य प्रभाव नहीं रहा है। ऐसी स्थिति में अदालत हिन्दू विवाह अधिनियम के तहत निर्धारित की गई 6 महीने की समय सीमा पूरी होने से पहले ही तलाक की डिक्री दे सकती है। सामान्य तौर पर 6 महीने की समय सीमा से पहले दी गई तलाक की डिक्री के खिलाफ अपील नहीं की जा सकती। ऐसा कुछ खास मामलों में हो सकता है जब पति-पत्नी में से कोई यह दलील देते हुए अपील कर सकता है कि उसने जान के डर से ही संयुक्त याचिका दायर की थी और इसके पीछे उसकी अपनी स्वतंत्र इच्छा नहीं थी, इस तरह वह डिक्री को निरस्त करने की मांग कर सकता है, इस तरह की अपील 6 महीने की समय सीमा के बाद दी गई तलाक की डिक्री के खिलाफ भी दर्ज करवाई जा सकती है।

- ❑ पत्नी से अलग होने के बाद बच्चे पर पति का क्या अधिकार बनता है?

- ● तलाक के बाद बच्चे की कस्टडी हासिल करने के लिए पति गार्जियन एंड वार्ड्स एक्ट के तहत प्रार्थना पत्र दे सकता है या हिन्दू होने की स्थिति में माइनॉरिटी एंड गार्जियनशिप एक्ट के तहत प्रार्थना पत्र दे

सकता है। कस्टडी की याचिका का निष्पादन होने से पहले तक पति बच्चे से मिलने और छुट्टियों में बच्चे को अपने साथ ले जाने के अधिकार का दावा अदालत में कर सकता है।

- ❑ मैं पत्नी की रजामंदी से उसे तलाक देना चाहता हूँ। अलग होने के बाद मैं अपना एक घर और कुछ रकम उसे देना चाहता हूँ। मैं ऐसा किस तरह कर सकता हूँ? उसे घर देने के लिए क्या किसी तरह का पंजीकरण करना जरूरी होगा?
- ● हिन्दू विवाह अधिनियम, 1955 के अनुच्छेद 13 बी के अनुसार पति और पत्नी आपसी रजामंदी से तलाक ले सकते हैं। इस अनुच्छेद में बताया गया है कि पति और पत्नी अगर एक वर्ष से अधिक समय से अलग रह रहे हों और भविष्य में उनका साथ रह पाना संभव नहीं हो तो वे आपसी रजामंदी से तलाक के लिए संयुक्त याचिका दायर कर सकते हैं। अदालत छह महीने तक मामले को स्थगित रखती है और छह महीने के बाद दोनों पक्षों को अदालत में आकर संयुक्त याचिका की पुष्टि करने के लिए कहती है। दोनों पक्षों द्वारा पुष्टि किए जाने पर अदालत तलाक की डिक्री दे देती है। आपकी रजामंदी से तलाक लेते हुए आप अपनी पत्नी को घर या रकम देने लिए स्वतंत्र हैं। लेकिन याचिका दायर करने के बाद छह महीने तक पति-पत्नी में से कोई भी रजामंदी वापस ले सकता है, इसीलिए बेहतर यही होगा कि छह महीने की अवधि बीत जाने और तलाक की डिक्री मिल जाने के बाद ही आप कोई भी चीज अपनी पत्नी को दें। संपत्ति का हस्तांतरण करने के लिए उप-पंजीयक द्वारा पंजीकरण करवाना जरूरी होगा। चूंकि घर के बदले पत्नी आपको कोई रकम नहीं देगी, इसीलिए आप एक उपहार की डीड तैयार करवाकर उप-पंजीयक से पंजीकृत करवा लें और इसके लिए निर्धारित स्टैंप ड्यूटी शुल्क चुका दें।
- ❑ एक पत्नी के साथ उसका पति मानसिक रूप से क्रूरतापूर्ण व्यवहार करता है या तो उसके पति को इस बात की परवाह नहीं होती या वह इस बात को स्वीकार करना नहीं चाहता। पत्नी पति को सूचित किए बगैर घर छोड़कर चली जाती है और किराए पर दूसरा घर लेकर रहने लगती है। क्या पति उससे तलाक लेने के लिए अदालत में याचिका दायर कर सकता है?

- अगर आधार यह है कि पत्नी पति से अलग रह रही है तो पति वैवाहिक संबंध की पुनर्स्थापना के लिए मामला दर्ज कर पत्नी को अपने पास बुलाने की मांग कर सकता है। अगर पत्नी उसके पास वापस लौटने से इंकार कर देती है तो पति अलग रहने की दुहाई देते हुए पत्नी से तलाक की मांग कर सकता है। मगर इसके लिए शर्त यह है कि लगातार दो वर्ष से अधिक समय तक उसकी पत्नी को अलग रहना पड़ेगा, लेकिन अगर पत्नी अदालत में यह साबित कर दे कि पति के मानसिक क्रूरतापूर्ण व्यवहार से तंग आकर उसने घर छोड़ दिया था तो पति को अलग रहने के आधार पर तलाक की डिक्री नहीं मिल पाएगी।

❑ समगोत्रीय विवाह प्रतिबंधित होने के बावजूद एक युगल विवाह करता है। विवाह के बाद युगल को एक बेटी होती है। पिता अपनी बेटी का विवाह 'क' से करता है और उसे अपने समगोत्रीय विवाह के बारे में कुछ नहीं बताता। 'क' को पता चलता है कि उसकी पत्नी पूरी तरह मनोरोगी है और उसे बचपन से मादक पदार्थ खिलाकर पाला गया है। क्या 'क' अपने ससुर के खिलाफ आई पीसी की धारा 420 के तहत मामला दर्ज करवा सकता है और अपनी पत्नी से तलाक ले सकता है?

- 'क' अपने ससुर के खिलाफ धोखाधड़ी का मामला दर्ज करवा सकता है चूंकि ससुर ने उसे बिलकुल अंधेरे में रखते हुए अपनी मनोरोगी बेटी के साथ विवाह करवाया, अगर 'क' को सच्चाई पता होती तो वह इस तरह का रिश्ता हरगिज नहीं करता। इस संबंध के चलते 'क' को मानसिक पीड़ा भी सहन करनी पड़ी है, इस तरह आईपीसी की धारा 415 के तहत मामला दर्ज करवाया जा सकता है। जहाँ तक पत्नी से तलाक लेने की बात है, 'क' को अदालत में साबित करना होगा कि उसकी पत्नी मनोरोगी है और उसके साथ वैवाहिक जीवन गुजार पाना संभव नहीं है। 'क' मानसिक क्रूरता का आधार बनाकर भी तलाक की मांग कर सकता है चूंकि मादक पदार्थों की आदी पत्नी के व्यवहार के कारण उसे मानसिक यंत्रणा भुगतनी पड़ी है।

❑ किसी महिला को मानसिक, शारीरिक या मौखिक रूप से सताने वाले पुरुष के लिए कानून में सजा का क्या प्रावधान है?

- भारतीय दंड संहिता 1860 के अनुच्छेद 498 ए के तहत किसी महिला को मानसिक, शारीरिक या मौखिक रूप से प्रताड़ित करना अपराध है और ऐसा करने वाले पुरुष को तीन वर्ष तक की कैद और आर्थिक जुर्माने की सजा सुनाई जा सकती है।

❑ अगर पत्नी अपने पति का घर छोड़कर उससे अलग होकर रह रही है तो क्या वह अपने पति को तलाक लेने के लिए अदालत में याचिका दर्ज कर सकती है, पत्नी का मानना है कि पति से तलाक लेने के लिए उसके पास पर्याप्त आधार मौजूद हैं। पत्नी मासिक क्रूरतापूर्ण व्यवहार के आधार पर तलाक लेना चाहती है। क्या अदालत उसे इस आधार पर तलाक देगी?

● पति-पत्नी में से कोई भी मानसिक क्रूरता के आधार पर तलाक का दावा कर सकता है। हिन्दू विवाह अधिनियम 1955 के अनुच्छेद 13 (1) के अनुसार पति-पत्नी में से कोई भी क्रूरता के आधार पर तलाक मांग सकता है। क्रूरतापूर्ण व्यवहार की परिभाषा में मानसिक क्रूरता को भी शामिल किया गया है। अगर पत्नी के साथ उसका पति मानसिक रूप से क्रूरतापूर्ण व्यवहार करता है तो पत्नी का उससे अलग होकर रहना औचित्यपूर्ण कहलाएगा। मानसिक क्रूरतापूर्ण व्यवहार के विवरण के साथ पत्नी तलाक की याचिका अदालत में दायर कर सकती है। क्रूरतापूर्ण व्यवहार की घटनाओं का स्पष्ट ब्यौरा देना चाहिए और ऐसे व्यवहार का पत्नी के मन पर पड़ने वाले प्रभाव का विवरण भी देना चाहिए। वैवाहिक जीवन में होने वाले मामूली झगड़ों को मानसिक क्रूरता की श्रेणी में नहीं गिना जा सकता।

❑ मैं और मेरी पत्नी तलाक लेना चाहते हैं। हमारा एक सात वर्षीय पुत्र भी है। कृपया बताएं कि हमें किस तरह की याचिका देनी पड़ेगी और बच्चा मां के पास रहेगा या पिता के पास रहेगा?

● आप और आपकी पत्नी हिन्दू विवाह अधिनियंम के अनुच्छेद 13 बी के तहत रजामंदी से तलाक के लिए अदालत में याचिका दायर कर सकते हैं। याचिका दायर करने के बाद अदालत दोनों पक्षों का बयान दर्ज करती है और मामले को छह महीने के लिए स्थगित कर देती है। उसके बाद दोनों पक्षों को फिर अदालत में जाकर तलाक की मांग करनी पड़ती है और अपनी संयुक्त याचिका की पुष्टि करनी पड़ती है। इसके बाद ही अदालत तलाक की डिक्री देती है। 6 महीने की अवधि में जब तलाक की याचिका विचाराधीन होती है। पति-पत्नी में से कोई भी चाहे तो तलाक लेने से इंकार कर सकता है। वैसी परिस्थिति में अदालत की तरफ से तलाक की डिक्री नहीं दी जाएगी। उसके बाद दूसरे पक्ष के पास हिन्दू विवाह अधिनियम के अनुच्छेद 13 के तहत तलाक के लिए

सामान्य याचिका दायर करने के सिवा कोई चारा नहीं रह जाता। वैसी परिस्थिति में कुछ खास प्रावधानों के अनुसार ही तलाक दिया जा सकता है। आजकल कुछ अदालतें 6 महीने की अवधि में भी ढील देने लगी हैं। बच्चे को साथ रखने के मामले को दोनों पक्ष आपकी सहमति से हल कर सकते हैं। अगर वे वैसा नहीं कर पाते तब अदालत बच्चे की कस्टडी का निर्णय लेती है। बच्चे की बेहतरी को ध्यान में रखते हुए ही अदालत कस्टडी संबंधी निर्णय लेती है।

- ❑ 'नॉमिनी' की परिभाषा क्या है?

- ● जो व्यक्ति मनोनयन के तहत सारी सुविधाएं प्राप्त करता है और कानून के तहत वैध उत्तराधिकारियों लाभार्थियों में उनका बंटवारा करता है, उसे 'नॉमिनी' (मनोनीत) कहा जाता है। 'नॉमिनी' कोई कानूनी उत्तराधि कारी भी हो सकता है जिसे लाभ मिले। एलआईसी मनोनयन के सिलसिले में उच्चतम न्यायालय की तरफ से इस शब्द की इसी तरह व्याख्या की गई है।

- ❑ मैं 25 वर्षीय विवाहित युवक हूँ। मेरा एक छोटा भाई और एक छोटी बहन है। पिछले वर्ष अपनी ही जाति की लड़की से मैंने प्रेम विवाह किया। विवाह के एक साल गुजर जाने के बाद मेरे माता-पिता मुझे घर छोड़कर जाने के लिए कह रहे हैं, जबकि मैं घर छोड़ना नहीं चाहता। चूंकि यह बड़ा घर है और इसमें कई मंजिलें हैं। मेरे परिवार की पृष्ठभूमि इस प्रकार है : बंटवारे के बाद मेरे दादाजी 1947 में लाहौर से भारत आए। भारत में उन्होंने नई जिंदगी शुरू की और नई दिल्ली के प्रमुख इलाके में मकान और दुकान की स्थापना की। 1984 में मेरे माता-पिता को दादाजी के हस्ताक्षर के साथ एक वसीयत मिली जिसमें दादाजी ने अपनी सारी जायदाद मेरे पिताजी के नाम लिख दी थी। (मेरे पिताजी इकलौते पुत्र हैं जिनकी 4 बहनें हैं) 1991 में मेरे दादाजी का देहांत हो गया और मेरे माता-पिता ने दादाजी की चारों पुत्रियों से एनओसी प्राप्त कर वसीयत पर अमल किया। मेरे सवाल इस प्रकार हैं:

  1. अगर मेरे पिता जायदाद मुझे देना नहीं चाहते तो क्या उस जायदाद पर मेरा कोई कानूनी अधिकार बनता है?
  2. क्या मुझे मेरे पिता जबरन घर से निकाल सकते हैं?
  3. जब वे बल प्रयोग करने पर उतारू हो जाएं तो मुझे क्या करना चाहिए?

4. उन्होंने रसोई और बाथरूम में ताले लगा दिए हैं ताकि तंग आकर मैं अपनी पत्नी के साथ अपने आप घर छोड़ दूँ। इस मामले में मुझे क्या करना चाहिए?

●

1. जायदाद पर आपका कानूनी अधिकार नहीं है।
2. आपके पिता आपको जबरन घर से नहीं निकाल सकते। आपके घर से निकालने से पहले उन्होंने अदालत जाकर घर खाली करवाने का आदेश लेना होगा।
3. अगर वे बल प्रयोग करते हैं तो आप अदालत में मामला दर्ज कर अदालत से आग्रह कर सकते हैं कि वह उन्हें बलप्रयोग करने से रोके।
4. रसोई और बाथरूम के ताले तोड़कर पुलिस को सूचना दें और अनावश्यक अतिक्रमण की शिकायत दर्ज करवाएं।

❑ 'मेहर' चुकाने के लिए क्या कोई सीमा निर्धारित है जो पति की आय पर आधारित हो या निकाहनामा में दर्ज की गई राशि ही चुकानी पड़ती है?

● शिया कानून के तहत मेहर की कोई सीमा निर्धारित नहीं है। पति अपनी पत्नी के लिए मेहर की कोई रकम निर्धारित कर सकता है, मगर रकम चुकाने में उसे सक्षम होना पड़ेगा।

❑ क्या पति को दी गई मेहर की रकम प्रथम संतान के जन्म के बाद आधी या शून्य हो जाती है या निकाहनामा में दर्ज की गई रकम उसके बाद भी चुकानी पड़ती है।

● पति द्वारा पत्नी को दी जानेवाली मेहर की रकम निकाहनामे में दर्ज की गई राशि के अनुसार चुकानी होगी। इसका प्रथम संतान के जन्म के साथ कोई संबंध नहीं है।

❑ क्या पति का अपनी पत्नी के वेतन पर कोई हक होता है?

● नहीं, पत्नी के वेतन पर पति का कोई कानूनी हक नहीं होता। आपसी तालमेल के आधार पर ही अपना वेतन अपने पति को दे सकती है।

❑ मेरा विवाह छह महीने पहले हुआ। मेरी पत्नी अमेरिका में मेरे साथ रह नहीं पाई। इसीलिए वह वापस भारत चली गई। अब मेरी पत्नी के पिता मुझ पर दबाव डाल रहे हैं कि मैं भी भारत लौटकर वहीं बस जाऊँ। मैं ऐसा करने के लिए तैयार नहीं हूँ। मेरे ससुर मुझे धमका रहे हैं कि अगर मैंने उनकी बात नहीं मानी तो वे मेरे खिलाफ फर्जी मुकदमा दर्ज

कर देंगे और मुझ पर आरोप लगाएंगे कि मैंने पत्नी को भारत माँ-बाप से पैसा लाने के लिए भेजा है ताकि मैं अपना कारोबार शुरू कर सकूँ। उन्होंने दूतावास से भी शिकायत करने की धमकी दी है। मैं समझ नहीं पा रहा हूँ कि मैं क्या करूँ।

- अगर आपके ससुर आपके खिलाफ कोई मुकदमा दर्ज करते हैं तो किसी वकील की सेवा लेकर आप मुकदमा लड़ सकते हैं। आपके पत्र से स्पष्ट नहीं है कि किस़ तरह का मुक़दमा आपके ससुर आपके खिलाफ दर्ज करवाना चाहते हैं। सावधानी बरतते हुए आप पूरे मामले की जानकारी अपने नियोक्ता को दे सकते हैं। जब तक आप अमेरिका में हैं आपके ससुर आपका कोई अहित नहीं कर पाएंगे, लेकिन भारत में रह रहे आपके परिवार को झूठे मामलों में फंसाकर व तंग करने की कोशिश कर सकते हैं। इसके लिए किसी अच्छे वकील की सेवा आप ले सकते हैं।

❑ मैंने अविभाजित हिन्दू परिवार कानून के बारे में सुन रखा है। क्या इसके तहत पोते का अपने दादा की संपत्ति पर अधिकार होता है, भले ही दादा ने अपने पुत्र के नाम वसीयत लिख रखी हो?

- पोते का अपने दादा की जायदाद पर अधिकार नहीं होता। दादा को यह हक है कि वे वसीयत लिखकर अपनी ज़ायदाद अपने पुत्र को दे दें, अगर जायदाद का सृजन दादा ने स्वयं ही किया हो तो। अगर जायदाद पुश्तैनी है तो वसीयत नहीं लिखी जा सकती और पोते को अपने पिता के हिस्से की जायदाद का हिस्सा ही मिल पाएगा।

❑ हम लोग पुश्तैनी मकान में रहते हैं। मेरे माता-पिता मुझे मकान से निकाल देना चाहते हैं। मुझे क्या करना चाहिए?

- आपको स्थायी स्थगनादेश के लिए याचिका दायर करनी चाहिए और अंतरिम राहत के तौर पर मकान में रहने की अनुमति अदालत से लेनी चाहिए। आपको अदालत में यह साबित करना होगा कि मकान पुश्तैनी संपत्ति है।

❑ अगर मकान पुश्तैनी संपत्ति न हो और पिता अपने बेटे को मकान से निकाल देना चाहते हों, वैसी स्थिति में बेटे को क्या करना चाहिए?

- भले ही मकान पुश्तैनो संपत्ति न हो मगर उसमें रहनेवाले व्यक्ति को बलप्रयोग के जरिए बाहर नहीं निकाला जा सकता। आप अदालत में याचिका दायर कर स्थगनादेश हासिल कर सकते हैं।

- हमारा परिवार संयुक्त हिन्दू परिवार है। मेरे दादाजी के तीन पुत्र और दो पुत्रियाँ हैं। मेरी दोनों बुआ की शादी हो चुकी है और उनकी शादी पर दादाजी ने सारा खर्च वहन किया था। हालांकि मेरे दादाजी और उनके तीनों पुत्र एक ही परिसर में रह रहे थे मगर अंदर ही अंदर तीनों भाइयों के बीच बंटवारा हो चुका था। लेकिन अब तक बंटवारे का कोई औपचारिक दस्तावेज नहीं तैयार किया गया है। मेरे दादाजी ने 1990 में वसीयत लिखी और अपनी जायदाद तीनों पुत्रों के नाम लिख दी। जिस समय वसीयत लिखी गई उस समय मेरे छोटे चाचा जी का विवाह नहीं हुआ। उनका विवाह मार्च 1994 में हुआ। विवाह के बाद उनकी पत्नी ने एक बच्ची को जन्म दिया। दुर्भाग्यवश उनकी शादी नाकाम साबित हुई। मेरी चाची विवाह के बाद कभी भी लगातार सात दिनों तक ससुराल में नहीं रही। वह हमेशा अपने मायके में रही। चाचा-चाची का रिश्ता बिगड़ता चला गया और मेरे चाचाजी को काफी मानसिक पीड़ा भुगतनी पड़ी। और आखिरकार मेरे चाचा का मानसिक संतुलन बिगड़ गया। (खेद की बात है कि हमारे पास इस बात को साबित करने के लिए कोई मेडिकल प्रमाण-पत्र नहीं है, लेकिन उनकी मानसिक अवस्था को साबित करने के लिए गवाह हमारे पास मौजूद हैं)। ऐसी ही उन्माद की स्थिति में मेरे चाचा 31 दिसंबर, 1995 को अपनी ससुराल से लापता हो गए। उनके लापता होने की शिकायत थाने में दर्ज करवाई गई। अभी तक वे लापता ही हैं। उस समय समस्या और भी गंभीर हो गई जब छोटी चाची ने अपने पति, मेरे माता-पिता, मेरे बड़े चाचा और बड़ी चाची के खिलाफ धारा 498 के तहत मुकदमा दर्ज कर दिया। (दहेज के आरोप में फौजदारी मामला)। छोटी चाची ने ससुराल के सदस्यों पर दहेज और उत्पीड़न का आरोप लगाया है। ये आरोप पूरी तरह बेबुनियाद हैं। अदालत में अभी भी यह मामला चल रहा है। फरवरी 1998 में यह मुकदमा दर्ज किया गया था, हालात पर गौर करते हुए मेरे दादाजी ने पुरानी वसीयत रद्द कर दी और जून 1999 में नई वसीयत बनाई। नई वसीयत में दादाजी ने छोटे चाचा के हिस्से की जायदाद को अपने पोतों (मुझे और बड़े चाचा के बेटे) के नाम कर दिया। एक पखवाड़े पहले मेरे दादाजी का देहांत हो गया। कृपया निम्न शंकाओं का समाधान करें:

1. मेरी छोटी चाची ससुराल में 7 दिन तक भी नहीं रही। ऐसी स्थिति में धारा 498 के तहत दर्ज किए गए मुकदमे का क्या औचित्य

बनता है? इसके अलावा छोटे चाचाजी भी उसके मायके से ही लापता हुए, साथ ही छोटी चाची के विवाह से पहले ही परिवार में बंटवारा हो चुका था।

2. मेरे पिताजी की दूसरी वसीयत में छोटे चाचा का कोई हिस्सा नहीं बचा है, ऐसी स्थिति में छोटी चाची क्या जायदाद पर अपना दावा कर सकती है? छोटे चाचा के हिस्से की जायदाद को दादाजी ने पोतों के बीच वितरित कर दिया, जबकि छोटी चाची की एक बेटी है जो छोटे चाचा के साथ विवाह के बाद पैदा हुई।
3. अब चूंकि दादाजी का स्वर्गवास हो चुका है, हम दादाजी की वसीयत के अनुसार जायदाद का हस्तांतरण किस प्रकार कर सकते हैं?

● 498 ए के तहत दर्ज किए गए मुकदमे की सफलता अदालत में पेश किए गए सबूतों पर निर्भर करेगा। आपके द्वारा बताए गए तथ्यों के आधार पर मुकदमे की सुनवाई नहीं होगी। अगर आपकी चाची आपके घर में कभी सात दिन भी नहीं रही। इस बात को अदालत में साबित करना होगा। दहेज संबंधी आरोपों की अदालत पड़ताल जरूर करेगी। दोनों पक्षों की तरफ से पेश किए गए सबूतों के आधार पर ही अदालत अंतिम फैसला सुनाएगी। आपकी शंकाओं का समाधान इस प्रकार है:

1. अगर आपके दादाजी ने जायदाद का सृजन किया था तो उन्हें वसीयत लिखकर जायदाद किसी को भी देने का हक था और ऐसी स्थिति में आपकी छोटी चाची जायदाद पर अपना दावा नहीं जता सकती।
2. वसीयत को कानूनी रूप से मान्यता प्रदान करने के लिए आप अदालत में वसीयत की जांच के लिए याचिका दायर कर सकते हैं और अदालत की तरफ से वसीयत की सत्यता प्रमाणित होने के बाद वसीयत के अनुसार जायदाद का बंटवारा कर सकते हैं। अगर वसीयत को अदालत निरस्त कर देती है तो आपके छोटे चाचा का भी जायदाद में हिस्सा मिलेगा, चूंकि वे लापता हैं, इसीलिए उनकी अवयस्क पुत्री जायदाद पर अपना हक जता सकती है।

❑ मैंने उपभोक्ता अदालत में एक डॉक्टर के खिलाफ शिकायत दर्ज करवाई। मेरी शिकायत को यह कहकर चुनौती दी गई कि डॉक्टर के खिलाफ उपभोक्ता अदालत में शिकायत दर्ज नहीं करवाई जा सकती। कानून इस बारे में क्या कहता है?

● उपभोक्ता संरक्षण अधिनियम 1986 के अनुसार डॉक्टर की पेशागत लापरवाही से मरीज को होने वाले नुकसान के मामले में डॉक्टर के

खिलाफ मामला दर्ज किया जा सकता है, अनुच्छेद (ii) की धारा 2 (डी) में उपभोक्ता को परिभाषित करते हुए कहा गया है कि जो 'किराए पर लेता है और बदले में सुविधा पाता है।' किराए पर लेने का अर्थ है मेहनताना या शुल्क देना। इसके अलावा इस कानून को 'सभी प्रकार की सेवा' के लिए प्रभावी माना गया है। उपभोक्ता संरक्षण अधि नियम के अनुच्छेद 2 (ओ) के तहत दो प्रकार की सेवाओं को कानून से छूट दी गई है - 'निःशुल्क सेवा' और 'अनुबंध या व्यक्तिगत सेवा।' यह मालिक और नौकर के संबंध को जताता है। एक मरीज का उपचार करने वाला डाक्टर 'सेवा के अनुबंध' की श्रेणी में तो आएगा मगर 'व्यक्तिगत सेवा के अनुबंध' की श्रेणी में नहीं आएगा। इसलिए डॉक्टर की लापरवाही के मामले में उपभोक्ता संरक्षण अधिनियम 1986 के तहत मुकदमा चलाया जा सकता है।

❑ मैंने एक पक्ष से बीज खरीदा। बीज अंकुरित नहीं हुए। उस पक्ष ने तर्क दिया कि मैं एक उपभोक्ता नहीं हूँ। क्या खेती के उद्देश्य से बीज की खरीददारी करना व्यावसायिक उद्देश्य के लिए खरीददारी कहलाएगा?

● खेती के उद्देश्य से बीज की खरीददारी व्यावसायिक उद्देश्य के लिए की गई खरीददारी नहीं कहलाएगी। इस तरह शिकायतकर्ता एक उपभोक्ता कहलाएगा जिसे उपभोक्ता अदालत में खराब बीज बेचनेवाले के खिलाफ शिकायत दर्ज करवाने का पूरा हक है।

❑ मैंने एक निजी विमान सेवा कंपनी का कन्फर्म टिकट खरीदा। बाद में तकनीकी खराबी के चलते उड़ान रद्द कर दी गई। क्या यह सेवा संबंधी दोष कहलाएगा?

● तकनीकी खराबी के चलते उड़ान का रद्द होना सेवा संबंधी दोष नहीं हैं, ऐसा अपरिहार्य कारणों से हुआ है। आप किराया वापस पा सकते हैं लेकिन उड़ान रद्द होने के बदले आप किसी तरह की क्षतिपूर्ति के हकदार नहीं है।

❑ मुझे एक मारुति कार एलॉट की गई। कार की डिलीवरी में विलंब हुआ। इसके साथ ही डीलर ने कार की कीमत बढ़ जाने की दुहाई देकर अतिरिक्त राशि चुकाने के लिए कहा। डीलर की तरफ से किए गए विलंब की वजह से क्या मुझे बढ़ी हुई कीमत देनी चाहिए?

● उपरोक्त परिस्थिति में आपसे बढ़ी हुई राशि लेने का कोई हक नहीं है। विलंब विक्रेता की तरफ से हुआ है, अतः इसका खामियाजा ग्राहक नहीं उठा सकता।

❑ अगर कोई बैंक कर्ज का आवेदन ठुकरा दे तो क्या सेवा में लापरवाही की दुहाई देकर उपभोक्ता अदालत में बैंक की शिकायत की जा सकती है?

● ऋण व अग्रिम देने के लिए बैंक विभिन्न नियमों का पालन करते हैं। उपभोक्ता अदालत में इस तरह के मामले में बैंक के निर्णय को लेकर शिकायत नहीं की जा सकती।

❑ मैं एक सुपरफास्ट ट्रेन से यात्रा कर रहा था जो अकारण विलंब से चल रही थी। क्या इस आधार पर उपभोक्ता में रेलवे के खिलाफ शिकायत दर्ज करवाई जा सकती है?

● सुपरफास्ट ट्रेन में सफर करने वाले मुसाफिरों से रेलवे अतिरिक्त किराया वसूलता है। अगर ट्रेन विलंब से चलती है और विलंब के कारण के बारे में ठीक से बताया नहीं जाता तो यह सेवा की त्रुटि कहलाएगी। इस तरह रेलवे अतिरिक्त किराया लौटाने के लिए बाध्य हो सकता है।

❑ मैं एक कंपनी का शेयरधारक हूँ। सारे भुगतान करने के बावजूद मुझे प्रमाण-पत्र देर से दिए गए। शेयर के बाजार भाव में बढ़ोतरी को देखते हुए मुझे जो नुकसान हुआ, क्या मैं उसे प्राप्त करने के लिए दावा कर सकता हूँ?

● शेयर बाजार में अनिश्चितता होती है जहाँ बाजार की स्थिति के अनुसार कंपनियों के शेयरों के भाव में उतार-चढ़ाव आता रहता है। शेयर का भाव बढ़ जाने की दुहाई देकर आप क्षतिपूर्ति कर दावा नहीं कर सकते।

❑ मैं टेलीफोन बिल भुगतान कर चुका हूँ। इसके बावजूद टेलीफोन ि वभाग ने बगैर नोटिस दिए मेरा कनेक्शन काट दिया है। मुझे क्या करना चाहिए?

● उपभोक्ता को नोटिस दिए बगैर टेलीफोन का कनेक्शन नहीं काटा जा सकता। कानून के अनुसार दूरसंचार विभाग ऐसा नोटिस देने के लिए बाध्य है। आप उपभोक्ता अदालत में मामला दर्ज कर टेलीफोन कनेक्शन बहाल करने के साथ ही क्षतिपूर्ति का भी दावा कर सकते हैं।

❑ मैंने मई महीने में एक स्कूटर खरीदा। कुछ महीने बाद ही स्कूटर में खराबी नजर आने लगी। जब मैं स्कूटर को सर्विस सेंटर में ले गया तो वहाँ उसकी मरम्मत करने के बाद सेंटरवालों ने कहा कि अब कोई परेशानी नहीं होगी। मगर पिछले हफ्ते स्कूटर फिर खराब हो गया। इस बार भी सर्विस सेंटर वालों ने मरम्मत करते हुए कहा कि आगे से कोई

परेशानी नहीं होगी। मगर स्कूटर फिर से खराब हो गया है। क्या मैं उपभोक्ता अदालत में इस मामले की शिकायत कर सकता हूँ?

- आप इस मामले की शिकायत उपभोक्ता अदालत से कर सकते हैं। लेकिन सबसे बेहतर तरीका यही रहेगा कि पहले आप स्कूटर निर्माता कंपनी से उसके सर्विस सेंटर की शिकायत करें और कंपनी के जवाब का इंतजार करें। अगर कंपनी की तरफ से संतोषजनक कदम नहीं उठाया जाता है तो आपको उपभोक्ता अदालत में मामला दर्ज करवा देना चाहिए।

❑ हम लोग एक खुदरा विक्रेता से एक डेयरी द्वारा वितरित 500 मि.ली. दूध का पैकिट खरीदते हैं। पैकिट में 500 मि.ली. दूध की जगह 400 मि.ली. ही रहता है। इस मामले में हमें क्या करना चाहिए?

- यह धोखाधड़ी का मामला है और आप डेयरी के खिलाफ भारतीय दंड संहिता की धारा 421 के तहत फौजदारी मामला दर्ज करवा सकते हैं। आप इस मामले की शिकायत उपभोक्ता अदालत से भी कर सकते हैं। ऐसा करने से पहले आपको पर्याप्त सबूत जुटा लेना चाहिए - जैसे आप दूध का बंद पैकिट संग्रह कर सकते हैं जिस पर 500 मि.ली. लिखा हुआ हो लेकिन जिसके भीतर 400 मि.ली दूध ही हो।

❑ मैंने एक भूखंड के आबंटन के लिए आवेदन किया और पंजीकरण शुल्क के रूप में 100 रुपए जमा करवाए। ड्रा के समय मेरा नाम शामिल नहीं किया गया। मैंने उपभोक्ता अदालत में शिकायत की जहाँ आवास बोर्ड ने तर्क दिया कि मैं कोई 'उपभोक्ता' नहीं था चूंकि तब तक भूखंड किसी को भी आबंटित नहीं किया गया था। इस मामले में कानून क्या कहता है?

- अगर आपने आवेदन प्रपत्र खरीदकर आवेदन किया और पंजीकरण शुल्क भी जमा करवाया तो आप संभावित उपभोक्ता की श्रेणी में आते हैं। इस तरह शिकायत पर विचार होना चाहिए। आवास बोर्ड को आपका नाम भूखंड के आबंटन के लिए किए गए ड्रा में शामिल करना चाहिए था। आपके आवेदन पर इसलिए विचार नहीं किया गया चूंकि आवेदकों की सूची में आपका नाम दर्ज नहीं था। इस मामले में सूची तैयार करने वाले व्यक्ति की लापरवाही की शिकायत की जा सकती है।

❑ मैंने आवास बोर्ड की एम.आई.जी स्कीम के तहत फ्लैट की बुकिंग करवाई। दो वर्ष की अवधि में बोर्ड ने तीन बार फ्लैटों की कीमत बढ़ाई है। क्या मैं इस मामले की शिकायत उपभोक्ता अदालत में कर सकता हूँ?

- फ्लैट के मूल्य निर्धारण की नीति पर उपभोक्ता अदालत में विचार नहीं किया जा सकता। आवास बोर्ड द्वारा फ्लैट की कीमत बढ़ाना उपभोक्ता विवाद की श्रेणी का मामला नहीं है। अगर आवास बोर्ड आपसे गलत तरीके से कीमत की वसूली कर रहा है तो आप न्याय के लिए दीवानी अदालत का दरवाजा खटखटा सकते हैं।

❑ एक शिकायतकर्ता ने हमारी कंपनी के खिलाफ़ एक ऐसे मामले की शिकायत उपभोक्ता अदालत में की है जो 1994-95 की लेन-देन से संबंधित है। इतने सालों के बाद शिकायत दर्ज कराना क्या उचित कहलाएगा?

- उपभोक्ता संरक्षण अधिनियम 1986 के अनुसार किसी भी मामले की शिकायत दो वर्षों के भीतर दर्ज की जानी चाहिए। आपने जो मामला बताया है उसमें इतने वर्षों के बाद शिकायत दर्ज कराना कानून सम्मत नहीं है।

❑ मेरी शिकायत यह है कि मेरे घर में पेयजल की नियमित आपूर्ति नहीं हो रही है। क्या मैं जलापूर्ति विभाग के खिलाफ उपभोक्ता अदालत में मामला दर्ज कर सकता हूँ?

- सरकार द्वारा जलापूर्ति करना सेवा की श्रेणी का कार्य नहीं है। इस तरह उपभोक्ता अदालत इससे संबंधित मामले पर विचार नहीं कर सकती।

❑ मेरी शिकायत यह है कि मैंने जिस अस्पताल में इलाज करवाया वह मेरे अलसर के ऑपरेशन से संबंधित मेडिकल रिकॉर्ड देने से इंकार कर रहा है। क्या उपभोक्ता अदालत में अस्पताल की शिकायत की जा सकती है?

- जब तक अस्पताल की नियमावली में यह उल्लेख न हो कि मरीजों को उपचार के बाद इस तरह के अभिलेख मुहैया कराए जाएंगे तब तक अस्पताल के खिलाफ आप शिकायत दर्ज नहीं कर पाएंगे।

❑ एक रजिस्टर्ड पत्र मुझे भेजा गया जो मुझे प्राप्त नहीं हुआ। क्या मैं इस मामले की शिकायत उपभोक्ता अदालत में कर सकता हूँ?

- भारतीय डाक अधिनियम 1878 के अनुच्छेद 6 के अनुसार, डाक पहुँचाने की प्रक्रिया में होने वाली क्षति, गलत पते पर डिलीवरी या विलंब के लिए सरकार उत्तरदायी नहीं है। अगर कोई डाक विभाग का कर्मचारी जानबूझकर डाक सामग्री नहीं पहुँचाता है, वैसी हालत में उसके खिलाफ शिकायत दर्ज करवाई जा सकती है।

❑ जिस ट्रांसफार्मर की सहायता से मेरे घर में बिजली की आपूर्ति हो रही थी। वह जल गया। विभाग ने दो महीने के बाद दूसरा ट्रांसफार्मर

लगाया। लेकिन जो बिजली का बिल आया उसमें दो महीने का शुल्क भी शामिल था। जब मैंने बिजली का दो महीने तक का उपयोग ही नहीं किया तो क्या मुझसे उन दो महीनों का शुल्क वसूला जा सकता है?

- जब दो महीने तक ट्रांसफार्मर खराब होने के चलते आपको बिजली की आपूर्ति नहीं की गई तब विभाग आपसे उन दो महीनों का कोई शुल्क वसूल नहीं कर सकता।

❑ मैंने बिजली कनेक्शन के लिए आवेदन किया था, मगर मुझे कनेक्शन नहीं दिया गया। क्या मैं इस मामले की शिकायत उपभोक्ता अदालत में कर सकता हूँ?

- बिजली की आपूर्ति सेवा की श्रेणी में आती है लेकिन जब तक बिजली बोर्ड कनेक्शन नहीं देता तब तक यह सेवा की श्रेणी में नहीं कहलाएगी। इस तरह आप अपनी इस शिकायत को हल करने के लिए उपभोक्ता अदालत में गुहार नहीं लगा सकते। आपको किसी दीवानी अदालत में बिजली बोर्ड के खिलाफ दीवानी मुकदमा दायर करना चाहिए।

❑ क्या उपभोक्ता अदालत में वेतनमान संबंधी विवाद का निपटारा हो सकता है?

- हाँ, उपभोक्ता अदालत में वेतनमान संबंधी विवाद का न्निपटारा हो सकता है।

❑ मैंने एक निजी संस्थान की स्कीम में निवेश किया जिसमें वादा किया गया था कि 28 वर्षों में पैसा 21 गुना ज्यादा बढ़ जाएगा। लेकिन बाद में वित्तीय संस्थान में मैच्योरिटी की अवधि 28 वर्ष से बढ़ाकर 30 वर्ष कर दी। क्या मैं उपभोक्ता अदालत में इस मामले की शिकायत कर सकता हूँ?

- निजी वित्तीय संस्थान की तरह से मैच्योरिटी अवधि बढ़ाने का फैसला 'सेवा में त्रुटि' की श्रेणी में आता है और इसके लिए आप उपभोक्ता अदालत में शिकायत कर सकते हैं।

❑ मेरी कार दुर्घटनाग्रस्त हो गई। मैंने जब बीमा का दावा किया तो उसे बीमा कंपनी ने यह कहकर ठुकरा दिया कि मेरे ड्राइवर के पास वैध लाइसेंस नहीं था। बीमा की रकम प्राप्त करने के लिए क्या मैं अपभोक्ता अदालत में शिकायत कर सकता हूँ?

- उपभोक्ता अदालत इस मामले में आपको किसी तरह की राहत नहीं दे पाएगी चूंकि आपने जिस ड्राइवर को नियुक्त किया था उसके पास वैध लाइसेंस नहीं था। कानून के अनुसार आपको ड्राइवर को काम पर रखते

समय उसके लाइसेंस की जाँच करनी चाहिए थी। वैध लाइसेंस होने पर ही आप बीमा की रकम के लिए दावा कर सकते थे।

❑ मैंने एक रेफ्रिजरेटर खरीदा। रेफ्रिजरेटर में कई खराबियाँ हैं, जिनकी मरम्मत करने के लिए कंपनी तैयार नहीं है। क्या मैं उपभोक्ता अदालत में इस मामले की शिकायत कर सकता हूँ?

● आप बेशक इस मामले की शिकायत उपभोक्ता अदालत में दर्ज करवा सकते हैं। अगर वारंटी की अवधि में रेफ्रिजरेटर में त्रुटियाँ पाई जाती हैं तो वितरण उसे बदलने या उसकी मरम्मत करने के लिए बाध्य होगा।

❑ मैंने मृत्यु दावा संबंधी पॉलिसी की रकम को प्राप्त करने के लिए राज्य आयोग से शिकायत की थी और आयोग ने मुझे रकम का भुगतान करवा दिया था। अब मैं दोहरा दुर्घटना लाभ के संबंध में शिकायत दर्ज करना चाहता हूँ। क्या मैं ऐसा कर सकता हूँ?

● एक ही कारण के लिए आप दो बार शिकायत दर्ज नहीं करव सकते।

❑ मैंने 1 ज़नवरी, 2009 को पणजी, गोवा की एक दुकान से स्कॉच व्हिस्की की एक बोतल खरीदी। खोलने के बाद पता चला कि स्कॉच व्हिस्की असली नहीं थी और उसका स्वाद मीठा था। मैंने गोवा पर्यटन के प्रबंध निदेशक को शिकायती पत्र लिखा मगर कोई जवाब नहीं मिला। मुझे क्या करना चाहिए?

● आप मिलावटी व्हिस्की बेचने की शिकायत उपभोक्ता अदालत से कर सकते हैं या इस सिलसिले में फौजदारी मामला भी दर्ज करवा सकते हैं लेकिन आपके मामले में दिक्कत यह है कि व्हिस्की की बोतल खोली जा चुकी है। अदालत में आपके लिए यह साबित कर पाना असंभव हो जाएगा कि बोतल में जो मिलावटी व्हिस्की मौजूद है वह बोतल के बंद रहने के समय भी वैसी ही थी। न्याय व्यवस्था सबूत पर विश्वास क़रती है। इस मामले में कानूनी भागदौड़ करने से फायदा नहीं होगा चूंकि खुली हुई बोतल के साथ आप मिलावट के आरोप को साबित नहीं कर पाएंगे।

❑ मैंने सुन रखा है कि किसी भी मामले की शिकायत उपभोक्ता अदालत में 2 सालों के भीतर ही करनी चाहिए। मैं 2 साल से अधिक समय से एक उत्पादक कंपनी को पत्र लिखता रहा हूँ कि वह अपना खराब उत्पाद बदल दे। अब अगर मैं उपभोक्ता अदालत में अपनी शिकायत दर्ज करवाना चाहूँ तो क्या अदालत मेरे मामले पर विचार करेगी?

- यह सही है कि उपभोक्ता संरक्षण अधिनियम के तहत किसी भी मामले की शिकायत दो वर्षों के भीतर करनी चाहिए। अधिनियम के अनुच्छेद 24 ए के तहत यह व्यवस्था की गई है, लेकिन उपभोक्ता फोरम को यह शक्ति मिली हुई है कि वह दो साल की निर्धारित अवधि गुजर जाने के बाद भी किसी शिकायत पर विचार कर सकता है। इसके लिए उसे विलंब होने की वजह से संतुष्ट करना जरूरी होगा। आप उपभोक्ता फोरम को अपने मामले में हुए विलंब का उचित कारण बता सकते हैं। अगर आप बताएंगे कि उत्पादक कंपनी के साथ पत्राचार करते रहने के चलते देर हुई तो इसे पर्याप्त कारण नहीं समझा जाएगा।

❑ मैं दो संपत्तियों के सिलसिले में मुकदमा करना चाहता हूँ। एक संपत्ति दिल्ली के सीमा क्षेत्र में स्थित है और दूसरी संपत्ति फरीदाबाद में है। क्या मैं संपत्तियों का मामला दिल्ली की अदालत में दर्ज कर सकता हूँ?

- हाँ, आप दिल्ली की अदालत में दोनों संपत्तियों के लिए मुकदमा दायर कर सकते हैं। चूंकि एक संपत्ति दिल्ली न्यायालय के न्याय क्षेत्र में, इसीलिए दीवानी कार्यवाही संहिता के अनुच्छेद 17 के तहत दिल्ली क़ी अदालत दोनों मामलों पर विचार करने के लिए पूरी तरह सक्षम है।

❑ मैं एक घर का पंजीकृत मालिक हूँ और इस घर का विक्रय अनुबंध मेरे नाम से पंजीकृत है। मेरा एक चचेरा भाई अब इस घर के स्वामित्व को चुनौती दे रहा है और आरोप लगा रहा है कि यह घर मेरे नाम से बेनामी संपत्ति है और इस घर का असली मालिक वही है। इस सिलसिले में मुझे क्या करना चाहिए?

- आपका चचेरा भाई घर पर आपके स्वामित्व को चुनौती नहीं दे सकता और अब खासतौर पर बेनामी लेन-देन अधिनियम के प्रावधानों के तहत ऐसा करना वर्जित है। कुछ खास परिस्थितियों में ही किसी संपत्ति पर बेनामी सौदेबाजी का आरोप लगाते हुए शिकायत दर्ज करवाई जा सकती है। लेकिन आपका मामला ऐसी विशेष श्रेणी में नहीं आता। अगर आपका चचेरा भाई अदालत में घर पर आपके स्वामित्व को चुनौती देता है तो उसकी शिकायत को निरस्त कर दिया जाएगा।

❑ मैंने अपने परिसर को किराए का अनुबंध पत्र हस्ताक्षरित कर किराए पर दिया। परिसर तीन वर्षों के लिए किराए पर दिया गया था। मगर अनुबंध पत्र तैयार करते समय न तो स्टांप पेपर का इस्तिमाल किया गया था न ही अनुबंध पत्र का पंजीयन करवाया गया था। अनुबंध पत्र में उल्लेख

किया गया था कि आवास का कर किराएदार द्वारा चुकाया जाएगा, लेकिन किराएदार ने आवास कर चुकाने से इंकार कर दिया। क्या मैं उससे आवास कर वसूल कर सकता हूँ?

- चूंकि आपने अपने परिसर को एक वर्ष से अधिक समय के लिए किराए पर दिया, इसीलिए कानून के मुताबिक आपको अनुबंध पत्र का पंजीकरण करवाना चाहिए था। पंजीकरण नहीं करवाने के कारण अदालत इसे वैध अनुबंध पत्र नहीं मानेगी और इस तरह कानून आपको किराएदार से आवास कर दिलवाने में मदद नहीं कर पाएगा।

❑ मेरा एक मुस्लिम दोस्त अपनी संपत्ति दान करना चाहता है। उसे बताया गया है कि मुस्लिम कानून के तहत कोई संपत्ति मौखिक रूप से भी किसी को दी जा सकती है। मैं जानना चाहता हूँ कि इसे किस तरह कानूनी रूप से संभव बनाया जा सकता है?

- कोई भी मुसलमान व्यक्ति अचल संपत्ति को मौखिक रूप से दान कर सकता है, मगर इसके लिए तीन शर्तें पूरी करनी होती हैं। वे शर्तें हैं:

  (अ) संपत्ति का घोषणा पत्र होना चाहिए।

  (आ) दान प्राप्तकर्ता द्वारा दान को स्वीकार किया जाना चाहिए।

  (इ) संपत्ति का स्वामित्व तत्काल प्रदान किया जाना चाहिए।

  घोषणा, स्वीकृति और अधिकार- इन तीनों शर्तों के बिना किसी मुस्लिम व्यक्ति द्वारा संपत्ति का मौखिक रूप से दान करना वैध नहीं कहलाएगा।

❑ मेरे मित्र की माता एक ऐसी संपत्ति की मालकिन थी जिसमें उसके पुत्र की भी हिस्सेदारी थी। जब पुत्र नाबालिग था तभी माता ने उस संपत्ति को बेच दिया। बालिग होने के बाद पुत्र ने संपत्ति की बिक्री को चुनौती दी आरै अदालत ने माना कि संपत्ति को बेचना उचित नहीं था। इसके बाद पुत्र की मृत्यु हो गई और पुत्र के हिस्से की संपत्ति माता का मिल गई। चूंकि कोई और कानूनी वारिस नहीं था। अब वह व्यक्ति जिसे पहले माता ने संपत्ति बेची थी, पुत्र के हिस्से में से आधी संपत्ति मांग रहा है और इसके लिए मुकदमा करने की धमकी दे रहा है। क्या उस व्यक्ति को पुत्र के हिस्से से आधी संपत्ति मिलेगी?

- माता ने नाबालिग पुत्र के हिस्से की जायदाद बेच दी और बालिग होने पर पुत्र ने जब सौदे को चुनौती देते हुए मुकदमा किया तो अदालत ने पुत्र के पक्ष में डिक्री दे दी। उसके बाद पुत्र का निधन हो गया। चूंकि पहले के सौदे के अदालत ने अवैध मानकर पुत्र को उसका हिस्सा दे

दिया था। अतः पुत्र की मृत्यु के बाद उस हिस्से पर माता का हक बनता है और पहले संपत्ति खरीदने वाला व्यक्ति पुत्र के हिस्से को संपत्ति में से आधा हिस्सा नहीं मांग सकता। अगर वह माता के खिलाफ मुकदमा करेगा तो उसे अदालत इस तरह हिस्सा नहीं देगी।

- ❑ मेरे दादाजी ने मरने से पहले जो अपनी वसीयत बनाई उसमें अपनी जायदाद उन्होंने परिवार के जीवित वारिसों के नाम करने के अलावा अजन्मे बच्चों के नाम भी जायदाद लिख दी। इस मामले में कानून क्या कहता है?
- कानून के अनुसार आपके दादाजी ने मृत्यु से पहले जो वसीयत लिखी। उस समय जीवित परिवार के सदस्यों को ही जायदाद मिलेगी, अजन्मे बच्चों को नहीं।
- ❑ मैं एक बेनामी सौदा करना चाहता हूँ। मैं एक बेनामी संपत्ति अपने पुत्र और अविवाहित पुत्री के नाम से खरीदना चाहता हूँ। क्या यह कानूनन जायज होगा?
- कानून ने बेनामी सौदे पर रोक लगा रखी है। इसके साथ ही कोई भी बेनामी संपत्ति आप अपनी पत्नी या अविवाहित पुत्री के हित में उनके नाम से खरीद सकते हैं लेकिन पुत्र के नाम से नहीं खरीद सकते।
- ❑ मैं एक अप्रवासी भारतीय हूँ। जून 2001 में मेरी नौकरी छूट गई। सऊदी अरब में मैं दुर्घटनाग्रस्त हो गया और विकलांग होकर मैं पत्नी के उपार्जन के सहारे जी रहा हूँ। जब मैं सऊदी अरब में था तब मेरे छोटे भाई ने मेरे हस्ताक्षर की नकल कर पावर ऑफ एटर्नी लेकर दिल्ली में स्थित मेरे घर को बंधक रखकर बैंक से कर्ज ले लिया। अब वह दावा कर रहा है कि घर उसका है। मेरी पत्नी के नाम से कृषि योग्य जमीन थी, जिसके कागजात मेरा छोटा भाई चुरा चुका है और जमीन पर भी दावा कर रहा है। वह काफी पहले से ही जायदाद खरीदने के बहाने मेरे पैसे हड़प चुका है। अपने पैसे और जायदाद हासिल करने के लिए मुझे क्या करना चाहिए?
- यह समझ में नहीं आ रहा है कि किस आधार पर आपका छोटा भाई दिल्ली में स्थित आपके घर पर दावा जता रहा है, जबकि फर्जी पावर ऑफ एटर्नी हासिल कर आपके भाई ने घर बंधक रखकर बैंक से कर्ज लिया था तो घर का स्वामित्व आपके नाम से ही होना चाहिए। आप बैंक को चुनौती दे सकते हैं कि उसने पावर ऑफ एटर्नी की सत्यता

की जाँच किए बगैर किस आधार पर आपके घर के बदले आपके छोटे भाई को कर्ज दे दिया। आप अपने भाई के खिलाफ धोखाधड़ी के आरोप में फौजदारी मामला दर्ज करवा सकते हैं। एफ आई आर दर्ज होने पर पुलिस आपके भाई को गिरफ्तार भी कर सकती है। कृषि भूमि के कागजात की चोरी के संबंध में आप अपने भाई के खिलाफ एफ आई आर लिखवा सकते हैं। अगर कृषि भूमि के दस्तावेज पंजीकृत हैं तो रजिस्ट्रार के कार्यालय से उसकी सत्यापित प्रतिलिपि आप हासिल कर सकते हैं। आपका भाई बगैर किसी सबूत के आपकी कृषि भूमि पर स्वामित्व का दावा नहीं कर सकता। आप अदालत में डिक्लरेशन का मुकदमा दायर कर सकते हैं और कृषि भूमि पर अपने स्वामित्व का दावा करते हुए मुकदमे का फैसला होने तक अंतरिम आदेश प्राप्त कर सकते हैं कि मुकदमे का निपटारा होने तक आपका भाई उस कृषि भूमि के संबंध में किसी प्रकार का सौदा नहीं कर सकता। जहाँ तक आपके द्वारा आपके भाई को भेजी गई रकम की वसूली का सवाल है, आपके लिए इस बात को बगैर कागजात के साबित कर पाना संभव नहीं होगा।

- ❑ मैं अपने घर के पास एक जायदाद खरीदना चाहता हूँ। असल में यह मकान मेरे परिसर में ही बना हुआ है जो दो भागों में विभाजित है। एक हिस्सा हमारा है और दूसरा हिस्सा 'क' का है। पारिवारिक एवं वित्तीय परेशानियों के कारण 'क' पूरे परिवार को लेकर कहीं चला गया है। मकान पर छह महीने से ताला लगा हुआ है। 'क' का बड़ा भाई 'ख' इस मसले को 'क' की तरफ से सुलझाना चाहता है। 'क' ने इस मकान के नाम पर बैंक से दो लाख का कर्ज ले रखा है जो ब्याज जोड़कर लगभग तीन लाख हो चुका है। अब 'ख' कहता है कि मुझे यह मकान खरीद लेना चाहिए। मकान की असली कीमत 8 लाख रुपए से ज्यादा होगी मगर 'ख' मुझे 5.5 लाख में मकान देने के लिए तैयार है। 'ख' ने मुझे कहा है कि मैं बैंक का ब्याज चुका कर धीरे-धीरे बैंक का सारा कर्ज चुका दूँ और मकान पर अभी कब्जा कर लूँ। जब 'क' वापस आएगा तो विक्रय अनुबंध पर दस्तखत कर कानूनी औपचारिकताएं पूरी कर ली जाएंगी। मकान 'क' की पत्नी के नाम से है। मुझे क्या करना चाहिए?
- ● जिस मकान को आप खरीदना चाहते हैं वह 'क' की पत्नी के नाम है। ऐसी स्थिति में 'क' की पत्नी के सिवा किसी को मकान बेचने का हक

नहीं है। अगर 'क' की पत्नी ने किसी को विशेष पावर ऑफ एटर्नी दी होती जो पंजीकृत होती, तब ऐसा संभव हो सकता था। चूंकि 'ख' के पास ऐसा कोई कानूनी अधिकार नहीं है इसीलिए वह अपने भाई की पत्नी के नाम की जायदाद आपको बेच नहीं सकता। इस तरह के सौदे को कानूनी मान्यता नहीं मिलेगी। ऐसी स्थिति में आपको मकान खरीदने का विचार छोड़ देना उचित होगा।

- ❑ सोसाइटी ड्रा के दौरान फ्लैटों का आबंटन होने पर सोसायटी के एक सदस्य ने अपना फ्लैट दूसरी मंजिल की जगह पहली मंजिल पर देने के लिए कहा, जिसे मौखिक रूप से स्वीकार कर लिया गया। वह सदस्य दस वर्षों से पहली मंजिल के फ्लैट में रह रहा है। दूसरी मंजिल के फ्लैट को इस दौरान 6 बार बेचा जा चुका है और ऐसा सोसायटी से अनुमति लेकर किया गया है। या इसके आखिरी खरीददार को बाद में कोई कानूनी परेशानी हो सकती है?
- ● नहीं, चूंकि आखिरी खरीदार ने वैध तरीके से फ्लैट को खरीदा है।
- ❑ मैंने पढ़ा है कि दिल्ली, मुंबई, चेन्नई और कोलकाता में कई जायदादों का विक्रय सौदा पावर ऑफ एटर्नी के ज़रिए किया जाता है। क्या ऐसे सौदे को वैध माना जा सकता है चूंकि इसके दौरान स्टांप ड्यटी पंजीकरण शुल्क भारतीय स्टांप कानून और भारतीय पंजीकरण कानून के तहत चुकाए नहीं जाते? क्या इस तरह की पावर ऑफ एटर्नी को अदालत में चुनौती दी जा सकती है?
- ● पावर ऑफ एटर्नी के जरिए जायदादों का विक्रय वैध सौदा है। ऐसे मामले में खरीददार को टाइटल नहीं मिलता बल्कि संपत्ति के हस्तांतरण अधिनियम के तहत संपत्ति का स्वामित्व मिल जाता है। टाइटल नहीं दिए जाने के कारण स्टांप ड्यूटी पंजीकरण शुल्क चुकाने का सवाल पैदा नहीं होता। विक्रय अनुबंध के पंजीकरण के समय ही स्टांप ड्यूटी पंजीकरण शुल्क वसूलने का प्रावधान है।
- ❑ वैध तरीके से किसी आवास का स्वामी बनने के लिए किन दस्तावेजों की जरूरत होती है?
- ● वैध तरीके से किसी आवास का स्वामी बनने के लिए निम्नलिखित दस्तावेजों की जरूरत होती है:

  (1) आवास निर्माण प्राधिकरणों द्वारा आवास आबंटित होने पर आबंटन पत्र ही टाइटल दस्तावेज माना जाता है।

(2) सहकारी आवास समितियों द्वारा आवास आबंटित होने पर शेयर प्रमाण पत्र ही टाइटल दस्तावेज माना जाता है।

(3) किसी व्यक्ति/भवन निर्माता से आवास खरीदने पर विक्रय/हस्तांतरण अनुबंध ही टाइटल दस्तावेज माना जाता है। अनुबंध पर्याप्त स्टांप ड्यूटी के साथ पंजीकृत होना चाहिए।

❑ मैंने एक दुकान खरीदी और इसकी पूरी कीमत चुका दी। मगर विक्रय अनुबंध होने के बाद मुझे पता चला कि कर्ज के बदले दुकान बैंक के पास बंधक रखी हुई थी। इस तरह बैंक भविष्य में कर्ज की वसूली के लिए बैंक मेरी दुकान को नीलाम भी कर सकता है। अपनी दुकान को बचाने के लिए मुझे क्या करना चाहिए?

● कानून स्पष्ट कहता है कि कोई भी संपत्ति खरीदने से पहले खरीददार को सतर्कता बरतनी चाहिए। आपने दुकान खरीदने से पहले अगर विक्रेता के मूल विक्रय अनुबंध को नहीं देखा तो यह आपकी गलती है और कानून इस बहाने पर गौर नहीं करेगा। बैंक को पूरा अधिकार है कि वह दुकान पर कब्जा कर ले और उसे बेच दे। आपके सामने एक ही विकल्प है कि आप बैंक का बकाया चुका दें और रकम की वसूली के लिए दुकान के विक्रेता के खिलाफ मुकदमा ठोंक दें। अगर आपके विक्रय अनुबंध में यह प्रावधान है कि संपत्ति पर किसी तरह का विवाद नहीं है तो इसे आधार बनाकर आप दुकान के विक्रेता के खिलाफ फौजदारी का मामला भी दर्ज करवा सकते हैं।

❑ अगर किसी व्यक्ति को जमीन के मूल दस्तावेज के साथ पावर ऑफ एटर्नी दी गई है तो क्या जमीन उस व्यक्ति के नाम हस्तांतरित हो सकती है?

● हाँ, लेकिन पावर ऑफ एटर्नी का भारतीय पंजीयन अधिनियम के तहत पंजीकृत होना जरूरी है।

❑

अदालत की अवमानना क्या है?

अदालत की अवमानना अधिनियम 1971 के तहत, अवमानना का आशय दीवानी तथा फौजदारी अवमाननाएं हैं, इस अधिनियम के तहत किसी निर्णय, डिग्री, निर्देश, आदेश, **रिट** या अदालत की प्रक्रिया की जानबूझकर की गई अवज्ञा दीवानी अवमानना कहलाएगी। किसी भी विषय का शाब्दिक रूप में प्रकाशन जिसे पढ़ा जा सके या लिखा जा सके अथवा दृश्यगत रूप से प्रस्तुति या अन्य रूप से प्रस्तुति या निम्न तरह के कार्य फौजदारी अवमानना की श्रेणी में आएंगे:

- ☐ ऐसा कोई कार्य करना जिससे किसी न्यायालय के प्राधिकार को आघात पहुँचे या आघात पहुँचाने का प्रयास किया गया हो।
- ☐ ऐसा कोई कार्य करना जिससे किसी न्यायालय के प्राधिकार को नीचा दिखाया गया हो या नीचा दिखाने का प्रयास किया गया हो।
- ☐ ऐसा कोई कार्य करना जिससे किसी न्यायिक कार्यवाही को क्षति पहुँचे या हस्तक्षेप हो अथवा हस्तक्षेप करने का प्रयास किया गया हो।
- ☐ ऐसा कोई कार्य करना जिससे किसी अन्य तरीके से न्याय के प्रशासन में हस्तक्षेप किया गया हो अथवा हस्तक्षेप करने का प्रयास किया गया हो।
- ☐ ऐसा कोई कार्य करना जिससे किसी अन्य तरीके से न्याय के प्रशासन में बाधा पहुँचाई गई हो अथवा बाधा पहुँचाने का प्रयास किया गया हो।

इस अधिनियम के तहत न्यायालय की परिभाषा में ऐसे ट्रिब्यूनल भी शामिल होंगे जिन्हें न्यायिक कार्यवाही का अधिकार मिला हुआ है।

लेकिन निर्णायक को 'न्यायालय' शब्द के दायरे में अथवा 'न्यायालय' के पर्याय के रूप में तब तक नहीं माना जाएगा जब तक उसकी नियुक्ति न्यायालय द्वारा नहीं की गई हो।

निम्नलिखित कार्य अवमानना की श्रेणी में नहीं माने जाएंगे:

- किसी भी मामले का निर्दोष प्रकाशन एवं वितरण।
- न्यायिक कार्यवाही की निष्पक्ष और सटीक रिपोर्ट प्रकाशित करना।
- उच्च न्यायालय के किसी अधिनियम के प्रधान अधिकारी के संबंध में अच्छी भावना के साथ दिया गया बयान।
- कुछ मामलों में बंद कमरे या कैमरे के सामने हुई मुकदमे की कार्यवाही से संबंधित सूचना का प्रकाशन।

कानून और सूचना क्रांति

संचार सूचना क्रांति के इस युग में कानून का क्षेत्र भी अछूता नहीं है। देशभर के न्यायालय अब इस तकनीक से आपस में एक दूसरे से जुड़ रहे हैं एवं कागजी सूचनाओं का आदान-प्रदान अब इंटरनेट व लैन पद्धतियों के माध्यम से त्वरित रूप से संभव हो रहा है। हालांकि अभी इससे लंबित मामलों के निराकरण पर कोई उल्लेखनीय सफलता तत्काल प्राप्त न हो किन्तु इसे एक अच्छी शुरुआत कहा जा सकता है जिसके दूरगामी परिणाम न्यायहित में नजर आ रहे हैं। न्याय व्यवस्था में इसके व्यापक प्रयोग हेतु राष्ट्रीय नीति एवं प्रौद्योगिकी पर गठित ई-समिति द्वारा परियोजना का नाम दिया गया है। इसके क्रियान्वयन के उपरांत न्याय विभाग भी संचार क्रांति की मदद से जनसुलभ एवं तीव्र गति से कार्य निष्पादन में सक्षम हो जाएगा।

ई-कोर्ट न्यायिक विभागीय अधिकारियों-कर्मचारियों को सुदृढ़ करने का कार्य कर रही है, साथ ही न्याय विभाग अधिवक्ताओं, मुवक्किलों व जनसामान्य के लिए वर्तमान में इंटरनेट के द्वारा सूचना एवं अन्य जानकारी उपलब्ध करा रहा है। यह संपूर्ण सुविधा सहज ही उपलब्ध है।

विदेशों में तेजी से अपनाए जा रहे जन सूचना संचार प्रक्रिया को कुछ हद तक भारत ने भी अपनाया है। कागजों-पेनों फिर टाइपराइटरों से क्रमिक विकसित होती कार्रवाइयां फैसले, अधिसूचना, अधिनियम एवं नियम लगभग सभी प्रक्रियाएं अब अदालत के कंप्यूटर के की-बोर्ड , हार्ड डिस्क से होते हुए इंटरनेट तक पहुँच गई हैं।

विधि एवं न्याय मंत्रालय की वेबसाइट *http:lawmin.nic.in* अपने आप में भारतीय न्यायिक सूचनाओं का पिटारा है। इसमें दिए गए अन्य लिंकों व पेजों में कानून संबंधी संपूर्ण जिज्ञासाओं का समाधान है। विधि एवं न्याय मंत्रालय की वेबसाइट में विधि मंत्रालय से जुड़े हुए अन्य विभागों के

लिंक हैं जिसमें उच्चतम न्यायालय की वेबसाइट *http://www.indiancourts.nic.in* पर विभिन्न नोटीफिकेशन सहित आज तक के संपूर्ण न्याय निर्णय उपलब्ध हैं जिसे विभिन्न खोज विकल्पों के साथ उपलब्ध कराया गया है। इस वेबसाइट से उच्चतम न्यायालय सहित सभी उच्च न्यायालयों के न्याय निर्णय, दैनिक आदेश व पेशी तिथि के संबंध में जानकारी प्राप्त की जा सकती है। विधिक सेवा में, विशेष क्षेत्रों में सेवा दे रहे वकीलों के लिए कंपनी मामले व बौद्धिक अधिकार कानूनों से संबंधित विभागों के संपूर्ण कार्यालयीय क्रियाकलाप तो अब ऑनलाइन ही संपादित किए जा रहे हैं।

इंडियाकोड की वेबसाइट *http://indiacode.nic.in* से भारत में प्रभावी संपूर्ण केन्द्रीय कानूनों के सन् 1836 से आज तक के कानूनों के संपूर्ण मूल पाठ प्राप्त किए जा सकते हैं। डिजिटल लाइब्रेरी योजना के तहत भारत सरकार ने सभी केन्द्रीय कानूनों का मूल पाठ भी यहाँ उपलब्ध कराया है जिसमें भारत का संविधान का हिन्दी संस्करण भी उपलब्ध है। मंत्रालय ने 2002 के बाद जारी कानूनों का हिन्दी पाठ भी यहाँ पीडीएफ फॉर्मेट में प्रस्तुत कर दिया है।

❑

भारत की न्याय प्रणाली

विधि लोकतंत्र की रीढ़ की हड्डी है। इसके बिना लोकतंत्र की कल्पना नहीं की जा सकती। विधिविहीन देश या समाज की स्थापना का विचार करना पानी पर इबारत लिखने का प्रयास करना है। भारत जैसे लोकतांत्रिक देश में विधि को सर्वोच्च स्थान प्राप्त है और विधि व्यवसायी बुद्धिजीवी वर्ग में गिने जाते हैं। अतः सहज ही अनुमान लगाया जा सकता है कि भारत की विधि और उसका इतिहास कितना महान है।

समाज के प्रत्येक क्षेत्र में तकनीकी प्रगति के साथ ही साथ अपराध को अंजाम देने की पद्धतियों में परिवर्तन हुआ है जिससे न्यायाधीश और अधिवक्ताओं को चुनौतीपूर्ण परिस्थितियों का सामना करना पड़ता है। कई ऐसे अपराध घटित होते हैं, उनका या उनके दंड के संबंध में विविध ग्रंथों में उल्लेख ही नहीं है। क्योंकि ऐसे अपराध समय की देन हैं अतएव तकनीकी प्रगति और अपराध की नई पद्धतियों से संकेत मिलता है कि समय के साथ विधि संबंधी ग्रंथों में परिवर्तन-परिवर्धन और संशोधन आवश्यक है।

भारतीय स्वतंत्रता संग्राम में अधिवक्ता वर्ग ने महत्त्वपूर्ण योगदान दिया था। कई ऐसे स्वतंत्रता सेनानी रहे जिन्होंने देश-सेवा और समाज-सेवा के लिए विधि की पढ़ाई कर अपना संपूर्ण जीवन सेवा को समर्पित कर विधि एवं न्याय की गरिमा को बनाए रखा। आज लोकतंत्र के चारों स्तंभों में सर्वाधिक महत्त्वपूर्ण अंग के रूप में विधि स्थापित हो चुका है तथा जनमानस में विश्वास और आस्था का केन्द्र बना हुआ है। ऐसे में विधि व्यवसायियों का कर्तव्य और भी बढ़ जाता है कि विधि की गरिमा बनाए रखें।

आज भारतीय न्याय प्रणाली मुकदमों के बोझ तले दबी हुई है। निचली अदालत से लेकर सुप्रीम कोर्ट तक सवा दो करोड़ मामले लंबित हैं। इनमें से कई मामले तो वर्षों पुराने हैं, जबकि कई फैसले तो पक्षकारों की मौत

के बाद आ पाते हैं। आज की स्थिति यह है कि अंतिम फैसला सुनने तक सामान्य व्यक्ति को अदालत के सैकड़ों चक्कर लगाने पड़ते हैं। फैसला आ भी जाता है तो उसकी नकल प्राप्त करने के लिए महीनों गुजर जाते हैं। इस पूरी प्रक्रिया में धन व समय तो खर्च होती ही है, मानसिक यातना भी झेलनी पड़ती है। विचाराधीन अभियुक्त तो सबसे ज्यादा पिसते हैं। इन सबके बीच एक अधिवक्ता के लिए विचाराधीन कैदी को शीघ्र न्याय दिलाने के लिए अथक परिश्रम के बाद भी समय पर न्याय मिलने की संभावना कम ही होती है जो 'देर से न्याय, न्याय से इंकार' की कहावत को चरितार्थ करती है।

संपूर्ण समाज में भ्रष्टाचार अपना पैर पसार रहा है। इससे लड़ने के लिए न्यायिक व्यवस्था में भीतर से पहल होनी चाहिए। लोकतंत्र की मजबूती और कानून का शासन बनाए रखने के लिए न्यायपालिका के हर पहलू का साफ सुथरा और साधन संपन्न होना जरूरी है। जनमानस में आस्था और विश्वास बनाए रखने में भी अधिवक्ताओं की भूमिका महत्त्वपूर्ण हो सकती है, क्योंकि अधिवक्ता केवल व्यवसायी ही नहीं है, अपितु लोकतंत्र एवं न्यायतंत्र की गरिमा का संरक्षण भी है।

कुछ अधिवक्ता मानते हैं कि मुकदमों में बिना झूठ के काम नहीं चलता। मगर राष्ट्रपिता महात्मा गांधी वकालत के पेशे में सत्य की कसौटी पर खरे रहे। उनके इसी व्यवहार के कारण वकालत के पेशे में भी उन्हें बड़ा ईमानदार वकील माना जाता था। न्यायालय उन्हें सम्मान देता था, उनके शब्दों को न्यायालय द्वारा महत्त्व दिया जाता था। विदेश में किसी नए वकील को इतना सम्मान मिलना गर्व की बात थी। गांधी जी ने विदेश में साबित कर दिया था कि सत्य से समझौता किए बिना भी वकालत करना संभव है।

निश्चित रूप से भारतीय विधि का इतिहास गर्व करने योग्य है और हम केवल भूतकाल की जुगाली करते हुए वर्तमान को सुनहरा नहीं बना सकते। भूतकालीन गौरवशाली न्यायिक परंपरा को बनाए रखने के लिए सामूहिक रूप से भगीरथ प्रयत्न करना होगा। जिससे न्याय में देरी, न्याय से इंकार कथन के मध्य अधिवक्ता और पक्षकार को पिसना न पड़े।

देश में सुप्रीम कोर्ट ने आईटी का उपयोग कार्यालयीय प्रबंधन में किया और त्वरित न्याय की एक नई राह तैयार की जिसमें अधिवक्ताा और न्याय दोनों का भविष्य परिलक्षित हो रहा है। केन्द्र सरकार की इकाई नेशनल इन्फॉर्मेटिक्स (निक) के सहयोग से कोर्ट इन्फॉर्मेशन सिस्टम (बोर्टिक्स)

का साफ्टवेयर विकसित किया जिसकी मदद से हजारों लंबित मामले कम हुए। इससे अधिवक्ताओं व पक्षकारों को इंटरनेट पर केस लिस्ट, सुनवाई की तारीख, फैसले की कॉपी, दिन-प्रतिदिन के न्यायलयीय आदेश उपलब्ध होने लगे हैं। यह सब इसलिए भी संभव हो पाया है क्योंकि अधिवक्ताओं और न्यायधीशों ने कई सूचना तकनीक को अदालती कार्यवाही में व्यवहार में लाने के लिए व्यक्तिगत अभिरुचि दिखाई।

न्यायिक तंत्र के आधुनिकीकरण के आगे अभी बाधाएं बहुत हैं लेकिन विधि प्रणाली के प्रमुख घटक पक्षकार, अधिवक्ता, न्यायिक अधिकारी और सरकार पूरी इच्छाशक्ति के साथ आगे बढ़ें तो काफी कुछ बदल सकता है।

❑

अभियुक्त के लिए वकील का होना क्यों जरूरी है?

इतिहास उन किस्सों से भरा पड़ा है जिनमें निरपराधों को सजा सुनाई गई और दंड दिया गया। क्या किसी भी व्यक्ति को जो वास्तव में किसी भी अपराध का कर्त्ता नहीं है, केवल मात्र संदेह के आधार पर या फिर केवल उस पर लगे आरोप के आधार पर सजा दे देनी चाहिए? यदि ऐसा होता है तो सत्तासीन व्यक्ति हर उस व्यक्ति को सजा देने लगेंगे जो उनके मार्ग में किसी भी प्रकार से बाधा बना हुआ है। यही कारण है कि न्याय के सिद्धांत बने कि किसी भी व्यक्ति को तब तक सजा नहीं दी जाए जब तक संदेह से परे यह साबित न हो जाए कि वह व्यक्ति अपराधी है और किसी सजा का भागी है।

जो न्याय का तंत्र है वहाँ सभी कुशल व्यक्ति काम करते हैं। अन्वेषक यह अन्वेषण करता है कि अपराध करनेवाला व्यक्ति कौन है? उसके विरुद्ध सबूत जुटाता है। पर्याप्त सबूत होने पर वह अभियोग को अदालत के सामने पेश करता है। यहाँ यदि अन्वेषक किसी प्रकार की चूक करता है या फिर अभियुक्त से द्वेष रखता है या अपने कठोर कर्तव्य को आसान काम में बदलने के लिए फर्जी सबूत तैयार कर अभियोग को अदालत के सामने पेश कर सकता है। इसलिए यह आवश्यक है कि अदालत सबूतों की पर्याप्तता को देखे। अदालतें किसी भी अभियोग को तभी स्वीकार करती हैं जबकि अभियुक्त के विरुद्ध अभियोजक। अदालत के समक्ष अपराध को प्रमाणित कर सकने वाले पर्याप्त सबूत पेश करता है। यदि सबूत ऐसे हों जिनसे अपराध को साबित किया जाना संभव नहीं हो तो अदालत ऐसे अभियोग को सुनवाई के लिए ही स्वीकार नहीं करती। इस अवसर पर अदालत के समक्ष अभियोजक तकनीकी तर्क प्रस्तुत करता है कि किस प्रकार से उसके द्वारा जुटाए गए सबूत पर्याप्त हैं। इस स्तर पर क्या अभियुक्त को यह अवसर नहीं मिलना चाहिए जिससे वह जुटाए गए सबूतों की अपर्याप्तता को अदालत के

सामने बता सके। यह काम सिर्फ कानून का जानकार और अभ्यासी ही कर सकता है। एक साधारण व्यक्ति नहीं, जिस पर अभियोग चलया जा रहा है। इस स्तर पर वकील की उसे नितांत आवश्यकता है।

इसके बाद अदालत में सबूतों की जाँच की जाती है जो दस्तावेज या वस्तुएं और प्रत्यक्षदर्शी व्यक्तियों की गवाही के रूप में होती हैं। यहाँ यह महत्त्वपूर्ण है कि दस्तावेज किन परिस्थितियों में तैयार हुआ? किन परिस्थितियों में वस्तुओं का संग्रह हुआ और वे किस प्रकार से एक अभियोग को साबित करने के लिए पर्याप्त हैं। इन दस्तावेजों में से कोई फर्जी तो नहीं हैं? वस्तुएं पर्याप्त रूप से सावधानी से एकत्र की गई हैं या नहीं? वे अपराध या उसके किसी एक भाग को बिना किसी संदेह के साबित करती हैं या नहीं? जो लोग गवाही दे रहे हैं उनमें से कोई झूठ तो नहीं बोल रहा है? या सुनी-सुनाई बात तो नहीं कर रहा है? या कोई काल्पनिक बयान तो नहीं दे रहा है? इन सबकी जाँच आवश्यक है। इनकी जाँच के लिए एक तकनीकी और अभ्यासी व्यक्ति की मदद जरूरी है यह व्यक्ति कोई वकील ही हो सकता है।

इस तरह आप देख सकते हैं कि किसी भी अभियुक्त का कोई वकील होना क्यों जरूरी है। वरना रोज जिन लोगों को सजा सुनाई जाती है उनमें 10 में से 9 व्यक्ति निरपराधी होंगे।

कोई भी व्यक्ति किसी अपराध की पैरवी नहीं करता। वह किसी अपराधी को बचाता भी नहीं है। अभियुक्त के वकील की जिम्मेदारी यह है कि वह यह मानकर कि वह निरपराध है, सबूतों और गवाहियों की जाँच में भाग लेता है। वहीं अभियोजक जो वकील होता है वह सबूतों और गवाहियों की जाँच में अभियोग को साबित करने के लिए भाग लेता है। जज उनकी मदद से सबूतों और गवाहियों की जाँच करता है और किसी निष्कर्ष पर पहुँचता है। अभियोजक और अभियुक्त का वकील दोनों ही अदालत की जाँच-कार्यवाही में अपनी-अपनी जिम्मेदारियों को निभाते हैं। उनका दर्जा अदालत के अधिकारी का होता है। उनकी प्राथमिक जिम्मेदारी न्याय के प्रति होती है। वे अभियोजक या बचाव पक्ष के वकील के रूप में अपनी भूमिकाएं और दायित्वों का निर्वाह करते हैं। यदि बचाव पक्ष का वकील न हो तो निरपराध लोगों को दंड मिलने लगेगा और न्याय न्याय ही नहीं रह जाएगा।

अब आप समझ गए होंगे कि एक अभियुक्त को वकील दिया जाना कितना आवश्यक है। एक निरपराध को दंड से बचाने के लिए और न्याय की गरिमा बनाए रखने के लिए अभियुक्त को वकील दिया जाना जरूरी है। □

विधि व्यवसाय की चुनौतियाँ

विधि या कानून के बिना एक सभ्य समाज की कल्पना नहीं की जा सकती जिस समाज में विधि नहीं होती उस समाज का कोई आस्तित्व ही नहीं रहता है। आदिकाल से हम जानते हैं कि विधि का हमारे जीवन में कितना महत्त्व है। हमारे आदिकवि गोस्वामी तुलसीदास ने कहा है- 'विधि विपरीत न होत भलाई', अर्थात् बिना विधि या कानून के किसी समाज का भला नहीं हो सकता।

जहाँ एक ओर समाज के लिए कानून आवश्यक है वहीं दूसरी ओर इस कानून के द्वारा समाज में पीड़ित जनता के अधिकार एवं सुरक्षा की लड़ाई लड़ने के लिए विधि व्यवसायियों हेतु विधि व्यवसाय एक ऐसा क्षेत्र है, जिसमें आज अनेक लोग जुड़े हुए हैं। प्रत्येक वर्ष हजारों छात्र विधि स्नातक होकर महाविद्यालयों से निकलते हैं और इस व्यवसाय से जुड़ जाते हैं। हमारे देश में जहाँ बेरोजगारी बढ़ी है उसके चलते आज विधि व्यवसाय को अपनाने वाले भी बढ़े हैं। जिससे इस क्षेत्र में काफी चुनौतियां एवं प्रतिस्पर्धा बढ़ चुकी है। एक विधि व्यवसायी को अनेक चुनौतियों का सामना करना पड़ता है। आज न्यायालय परिसरों का हाल यह है कि जितने पक्षकार नहीं होते उससे ज्यादा तो विधि व्यवसायी न्यायालय में नजर आते हैं। जिससे साफ नजर आता है कि विधि व्यवसायियों में प्रतिस्पर्धा कितनी बढ़ गई है।

परंतु आज भी कुशल और जानकार कानूनविदों की कमी इस क्षेत्र में है। विधि व्यवसायियों की संख्या तो बढ़ी है, मगर अच्छे विधि व्यवसायी गिने-चुने ही नजर आते हैं। विधि व्यवसायियों की एक विडंबना यह भी है कि समाज में हो रहे अपराधों और अन्याय के बीच जहाँ उन्हें न्याय और अन्याय की लड़ाइयों का प्रतिनिधित्व करना पड़ता है वहीं उन्हें दूसरी ओर इन्हीं सबके बीच अपना रोजगार भी तलाशना है। यह काम इतना आसान

नहीं होता। लेकिन विधि का क्षेत्र बहुत ही व्यापक है। इसमें ऐसे अनेक आयाम हैं जिनमें से एक अच्छा कानूनविद अपनी योग्यता से सफलता हासिल कर सके।

आज विधि व्यवसाय के क्षेत्र में जहाँ चुनौतियां है वहीं भविष्य में कई अवसर भी मौजूद हैं, बस जरूरत है तो इस क्षेत्र में अपने ज्ञान को विस्तृत करने की। आज आधुनिक भारत में ऐसे कई क्षेत्र हैं जहाँ योग्य विधि व्यवसायियों की आवश्यकता है। आज कई विदेशी कंपनियाँ हैं जो भारतीय बाजार में निवेश कर रही हैं। इन कंपनियों के निवेश के कारण रोजगार के नए-नए अवसर भी उपलब्ध हुए हैं जिनके चलते विधि व्यवसायियों की भी आवश्यकता बढ़ी है। विधि सलाहकार, आयकर अधिकारी, बैंक, बीमा एवं साइबर लॉ जैसे अनेक क्षेत्र में विधि व्यवसायियों के लिए काफी संभावना है, जिनसे वे सफलता हासिल कर सकें।

आमतौर पर विधि व्यवसायियों का कार्यक्षेत्र परंपरागत होने के कारण आज प्रतिस्पर्धा कुछ ज्यादा ही है। ज्यादातर विधि व्यवसायी परंपरागत तौर पर ही इस व्यवसाय से जुड़े हुए हैं। जबकि उन्हें चाहिए कि वे आज की आवश्यकता के अनुसार नए-नए क्षेत्रों में आने वाले अवसरों को पहचानें और उन विधियों का भी अध्ययन करें जिनकी संभावनाएं भविष्य में अधिक हैं। साइबर लॉ, कंपनी विधि, अंतर्राष्ट्रीय विधि एवं विधि सलाहकार जैसे अनेक क्षेत्र हैं जिनमें विधि व्यवसायियों के लिए काफी संभावनाएं हैं, परंतु हमारे आस-पास बहुत कम ही लोग मिलते हैं जिन्हें इन क्षेत्रों का अच्छा ज्ञान हो। जो लोग इन क्षेत्रों से जुड़े हुए हैं उनमें भी तकनीकी ज्ञान की कमी देखने को मिलती है।

इसके साथ ही आज विधि पाठ्यक्रमों में भी बदलाव लाने की आवश्यकता है जिससे आने वाले विधि के छात्र परंपरागत विधि के साथ ही साथ आधुनिक क्षेत्रों में बन रही नई विधियों की भी जानकारी रखें। अधिकाँश विधि व्यवसायी अपने साथ कार्य कर रहे नए विधि व्यवसायी को विधिक जानकारियाँ देने से संकोच करते हैं एवं सही दिशा निर्देश नहीं देते, जिसके चलते भी नए विधि व्यवसायियों को काफी परेशानी होती है तथा अक्सर वे इस व्यवसाय को छोड़ देते हैं।

❑

कानून और दस्तावेज

एक ब्रिटिश न्यायाधीश ने कहा था कि अगर आप टिकट के पीछे छपे सभी नियमों और शर्तों को पढ़ेंगे तो आपकी गाड़ी छूट जाएगी।

भारत में लोगों को इस तरह की विकट स्थिति का सामना उस समय करना पड़ता है जब उन्हें आवास ऋण, कार या शेयर की खरीद के लिए अनुबंध का फार्म मुहैया कराया जाता है। समय के साथ-साथ प्रसंविदा यानी डीड लंबी होती जा रही है और ज्यादा जटिल भी।

विजय कंसट्रक्शन बनाम केरल राज्य के मामले में उच्चतम न्यायालय ने अपने हाल के फैसले में कहा कि कभी-कभी स्थिति भयावह हो जाती है। राष्ट्रीय राजमार्ग के एक हिस्से के निर्माण के लिए राज्य सरकार ने निविदा आमंत्रित की। निविदा के लिए दिए गए विज्ञापन में कई शर्तें रखी गई थीं, इनमें से एक शर्त थी कि अगर किसी तरह का विवाद उत्पन्न होगा तो मध्यस्थता की इजाजत नहीं दी जाएगी। इस काम के लिए चुने गए ठेकेदारों को अन्य दस्तावेज के प्रति भी सहमति जतानी थी। जिनमें कई शर्तें थीं।

इसमें सबसे ऊपर था - भूतल परिवहन मंत्रालय ने राष्ट्रीय राजमार्ग के लिए काम करने वाले राज्य के लोक निर्माण विभाग से कहा है कि मध्यस्थ की नियुक्ति की बाबत उन्हें मानक अनुबंध की उपधारा लागू करनी होगी। जब विवाद पैदा हुआ और ठेकेदारों ने मध्यस्थता चाही तो राज्य सरकार ने इससे यह कहते हुए इनकार कर दिया कि समझौते में मध्यस्थता की उपधारा नहीं थी।

निविदा आमंत्रित करने की बाबत दी गई सूचना में विशेष तौर पर कहा गया था कि मध्यस्थता की इजाजत नहीं होगी और सभी विवाद का निपटारा दीवानी अदालत द्वारा किया जाएगा। उच्च न्यायालय इससे सहमत नजर

आया, लेकिन उच्चतम न्यायालय ने कहा कि उच्च न्यायालय गलत था। इस मामले में अनुबंध के तहत दस्तावेज का पुलिंदा था जिसमें निविदा की बाबत सूचना, अनुबंध के लिए छपे हुए फार्म, संशोधन की साइक्लोस्टाइल कॉपी और संलग्नक थे जिनमें टेंडर की समय सारणी, योजना, अतिरिक्त शर्तें जैसी चीजें शामिल थीं। इन दस्तावेजों ने भ्रम पैदा किया।

उच्चतम न्यायालय ने कहा - परिणाम यह हुआ कि काम पूरा करने के कई साल बाद विभिन्न पक्षकार यह जानने की कोशिश कर रहे हैं कि किन नियमों व शर्तों पर उन्होंने सहमति जताई और क्या मध्यस्थता के जरिए विवाद का निपटारा करने की कोई प्रक्रिया है। ऐसे भ्रम की वजह से कई सक्षम व ईमानदार ठेकेदार इस निविदा में भागीदारी से दूर रहें।

अस्पष्टता व भ्रम की वजह से अधिकारियों को नाजायज स्वविवेक व स्वतंत्रता मिल गई और इससे भ्रष्टाचार व पक्षपात पनपा। स्पष्ट, साधारण और सीधे-सीधे समझौता वक्त की दरकार है। बुनियादी ढांचे के लिए देशभर में रोजाना हजारों-लाखों इंजीनियरिंग अनुबंध किए जाते हैं। आवश्यक स्पष्टता के बिना इससे विवाद पैदा होते हैं और अंततः खजाने पर इसका दबाव देखा जाता है।

फैसले में कहा गया है कि गलत तरीके से ड्राफ्ट किए गए अनुबंध विवाद के लिए जमीन तैयार कर देते हैं। लालची व बेईमान ठेकेदार को काल्पनिक दावा करने में यह मदद करता है। यह ईमानदारी ठेकेदारों को तंग करने में भ्रष्ट अफसरों को सक्षम बनाता है।

अनुबंध का सबसे अच्छा तरीका यह है कि वहाँ एक दस्तावेज में सभी प्रासंगिक उपधारा, शर्तें आदि शामिल किए जाएं और वे एक दूसरे का अतिक्रमण न करें। अनुबंध करने वाले पक्षकारों को अदालत ने सलाह दी है कि कोई अनुबंध करने से बचें, जिनमें छपे हुए अनुलग्नक, साइक्लास्टाइल किए हुए संशोधन, टाइप किए गए और हाथ से ली गई चीजें या मिटाई गई चीजें न हों।

अगर शब्दों की व्याख्या में किसी तरह की विसंगति हो तो उसकी जगह अनुबंध की बाबत छपे हुए मानक फॉर्म दिए जाने चाहिए ताकि हाथ से किए गए संशोधन आदि का भलीभाँति समावेश हो जाए। ऐसा इसलिए क्योंकि लिखे गए शब्द पक्षकारों द्वारा उसके अर्थ के स्पष्टीकरण की खातिर खुद की तात्कालिक भाषा व शर्तें हैं।

छपे हुए शब्द सभी पक्षकारों द्वारा समान रूप से अंगीकार करने का सामान्य फार्मूला है। न्यायालय के मुताबिक इस मामले में भ्रम इसलिए पैदा हुआ क्योंकि वहाँ पुराने छपे हुए फॉर्म का इस्तिमाल किया गया और इसमें कई तरह के संशोधन यानी नियम व शर्तों में संशोधन किए गए थे और इसके लिए कई अनुलग्नक जोड़े गए थे।

अनुबंध के नियम व शर्तें आर्टिकल्स ऑफ एग्रीमेंट के लिए जाने चाहिए। कुछ दस्तावेज मानक फार्म होते हैं जिनमें रिक्त स्थान होता है जिसे हाथ से भरा जाता है। ऐसे फार्म में कई प्रावधान आकस्मिक होते हैं, जिनमें से ज्यादातर निरर्थक होते हैं।

❑

निर्वाह भत्ता और कानून

भारतीय दंड संहिता की धारा 125 से 128 तक उन प्रावधानों का उल्लेख किया गया जिसके आधार पर किसी भी व्यक्ति को उसके आश्रितों को निर्वाह खर्चा गुजारा भत्ता देने के लिए बाध्य किया जा सकता है। दरअसल इस कानून के पीछे अवधारणा ये है कि प्रत्येक व्यक्ति का ये मौलिक और नैतिक कर्तव्य है कि वो अपनी पत्नी, बच्चों, माता-पिता, अभिभावकों की देखभाल करें, यदि वे अपनी देखभाल करने में असमर्थ हैं तो।

इसके पीछे विचार ये है कि कोई भी माता-पिता, पत्नी और संतान इन हालातों में मजबूर होकर न रहें कि विवश होकर वे अपराध में लिप्त हो जाएं या किसी और का मोहताज बन जाएं।

धारा 125 के अनुसार, कोई सक्षम व्यक्ति उनका भरण-पोषण करने में आनाकानी करता है:

(1) उसकी पत्नी जो अपना निर्वाह करने में अक्षम हो।

(2) उस व्यक्ति की वैध/अवैध संतान जो अपना निर्वाह करने में अक्षम हो।

(3) उस व्यक्ति की वैध/अवैध संतान, अविवाहित पुत्री, जो बालिग तो है किंतु किसी भी तरह की शारीरिक, मानसिक अक्षमता से ग्रस्त हो।

(4) उसके माता-पिता जो अपनी देखभाल करने में अक्षम हों।

तो उस स्थिति में प्रथम श्रेणी दंडाधिकारी उस व्यक्ति को ये आदेश दे सकता है कि वो एक निश्चित राशि प्रतिमाह उन्हें गुजारा भत्ता के रूप में अदा करे।

इसके तहत वर्ष 2001 में संशोधन करके यह प्रावधान भी जोड़ दिया गया कि अदालत धारा 125 की याचिका की सुनवाई करते हुए एक निश्चित राशि के अंतरिम खर्चे को राहत के रूप में निर्धारित करके उस व्यक्ति को उसके भुगतान का आदेश दे सकती है, जब तक कि उस याचिका का निपटारा नहीं हो जाता और अंतरिम खर्चे का निर्धारण वादी की याचिका प्राप्त होने के साठ दिनों के ऊपर कर दिया जाना चाहिए। ❑

घरेलू हिंसा के लिए महिला संरक्षण अधिनियम

संयुक्त राष्ट्रसंघ ने महिलाओं के प्रति होनेवाले सभी प्रकार के विभेदीकरण के उन्मूलन तथा संरक्षण की लक्ष्य प्राप्ति हेतु समय-समय पर अनेकों उपबंधों की अनुशंसा की है। इस तातम्य में घरेलू हिंसा अर्थात् परिवार के भीतर होने वाली हिंसा के विरुद्ध महिलाओं का संरक्षण नवीन प्रयास है। यह महिलाओं को पूर्णरूपेण यानी घर और बाहर सुरक्षा प्रदान कर विकास की मूलधारा में सम्मिलित करने का सार्थक कदम है। इसका अनुकरण कर भारत में घरेलू हिंसा के लिए महिला संरक्षण अधिनियम लागू किया गया है।

घरेलू हिंसा मूलत: मानवाधिकार का विषय है। यह अधिनियम भारतीय संविधान के अनुरूप सम्मान व गरिमा के साथ जीने के अधिकार अनुच्छेद 14, 39(क) पर आधारित है। जैसा कि नाम से विदित है घरेलू हिंसा अंतरंग संबंध में एक व्यक्ति का अन्य व्यक्ति पर शक्ति और नियंत्रण प्राप्त करने पर आधारित है। जब परिवार का अंतरंग शारीरिक, आर्थिक, मनोवैज्ञानिक रूप से अन्य को अधिशासित/अपहानि पारित करता है या प्रयत्न करता है और पीड़ित को अत्यधिक भय अनुभव कराता है तब यह अधिनियम प्रभावशील होता है।

यह अप्रत्यक्ष हिंसा पर आधारित है और पीड़ित को यह जानकारी नहीं होती कि प्रतिरक्षा कैसे की जाए, अत: पीड़ित को पूर्णरूपेण लाभ पहुँचाने की दृष्टि से अधिनियम में विभिन्न घटकों की सूक्ष्मतम विस्तारपूर्वक व्याख्या की गई है यथा दुरुपयोगकर्ता जो कि कोई पर व्यक्ति नहीं, बल्कि अपना होता में, वर्तमान या पूर्व पति को भी सम्मिलित किया गया है और व्यथित व्यक्ति में वैध/अवैध पत्नी, पुरुष की यौन भागीदार, पुत्री, माता, बहन, बच्चे आते हैं जो दुरुपयोगकर्ता से किसी भी तरह संबंधित या आश्रित होते हैं।

इसके अलावा अधिनियम में अंतरंग आतंकवाद, पत्नी-पति पिटाई, पत्नी-पति प्रहार, घरेलू दुरुपयोग, संपत्ति दुरुपयोग, पारिवारिक संबंधी हिंसा की विस्तृत व्याख्या की है जो कि पूरक पक्षकारों द्वारा शारीरिक या भावनात्मक दुरुपयोग के साथ हिंसा के प्रयोग द्वारा की जाती है।

अधिनियम में मोटे तौर पर घरेलू हिंसा को निम्नानुसार वर्गीकृत किया गया है:

1. शारीरिक हिंसा
2. यौन हिंसा, कौटुम्बिक व्याभिचार, यौन दुरुपयोग
3. मनोवैज्ञानिक/भावनात्मक हिंसा
4. आर्थिक, सामाजिक दुरुपयोग
5. आध्यात्मिक दुरुपयोग

घरेलू हिंसा सभी संस्कृतियों, वंश, जाति, आयु, धर्म में व्याप्त है तथा पुरुषों और महिलाओं द्वारा और दोनों पर की जाती है। जिसका कारण कमोवेश विधि की अज्ञता, परस्पर शत्रुता व द्वेष की भावना, मानसिक रोग, निर्धनता, अशिक्षा के अलावा व्यक्ति का अहम् केंद्रित व सामंजस्य स्थापित करने की प्रवृत्ति न रखना होता है जो शनैः-शनैः हिंसा का रूप धारण कर लेती है।

उक्त तमाम बातों को मद्देनजर रखते हुए इस अधिनियम में व्यथित को सरलीकृत रूप में व्यापक संरक्षण तथा संभाव्य सुरक्षा का उपबंध किया गया है। मानसिक प्रताड़ना, भावनात्मक विपदा के लिए मौद्रिक अनुतोष प्रतिकार व क्षति भुगतान का प्रावधान है। व्यथित को घर से बाहर निकाले जाने के भय को निष्कृत कर आवास आबंटन का प्रावधान है। सबसे मूल बात व्यथित के एकमात्र आशय को पूर्ण माना गया है। अधिनियम में त्वरित न्याय का उपबंध तदनुसार परिवाद दाखिल करने के दिन के भीतर प्रथम सुनवाई व वाद निस्तारण 60 दिनों के भीतर होना चाहिए।

इस प्रकार इस अधिनियम में मानवीय पक्षों पर पर्याप्त बल दिया गया है और व्यथित को संपूर्ण सुरक्षा प्रदान कर आत्मनिर्भर बनाने हेतु सार्थक प्रयास किया गया है जो कि आज के परिवेश में प्रासंगिक व आवश्यकता के अनुरूप है।

❑

गर्भपात कानून पर पुनर्विचार

गर्भपात कानून में सुधार के सुझाव देने के लिए केन्द्रीय स्वास्थ्य मंत्रालय ने एक उच्च स्तरीय समिति गठित की है। यह सराहनीय है तथा हम यह उम्मीद कर सकते हैं कि इसका परिणाम सकारात्मक प्राप्त हो- क्योंकि मौजूदा कानून के तहत गर्भपात की छूट (अ) 20 सप्ताह तक का गर्भ होने पर (आ) गर्भवती महिला के शारीरिक या मानसिक स्वास्थ्य को खतरा पैदा होने पर (इ) जन्म के बाद शिशु में शारीरिक या मानसिक विकृति या उसके अपंग होने का खतरा होने पर प्राप्त है।

गर्भपात कानून में सुधार हेतु विचार तब आया जब मुंबई के निकेता और हरीश मेहता के द्वारा मुंबई हाईकोर्ट में प्रस्तुत अर्जी के अनुसार निकेता के गर्भ में पल रहे 24 सप्ताह के भ्रूण के हृदय में छेद होने के कारण गर्भपात की अनुमति हेतु पेश की गई थी, और जिसे कोर्ट ने खारिज कर दिया था।

इसके पश्चात केन्द्रीय स्वास्थ्य मंत्रालय ने गर्भपात कानून में सुधार हेतु एक उच्चस्तरीय समिति का गठन किया।

गर्भपात कानून में सुधार आवश्यक है क्योंकि आज भी ऐसे अनेक परिवार हैं जो चिकित्सकीय खर्च उठाने में तथा इस प्रकार जन्म शिशु के लालन-पालन तथा उचित देखभाल करने में सक्षम नहीं है। वैसे भी हर माता-पिता की यह इच्छा होती है कि उसका शिशु स्वस्थ हो तथा उनके जीवन में ढेर सारी खुशियां हों। ऐसे में यदि किसी दंपत्ति को चिकित्सकीय जांच के दौरान यह जानकारी प्राप्त हो कि जो शिशु उनके जीवन में आ रहा है या उन्हें प्राप्त होने वाला है वह जन्म के साथ ऐसे रोग से ग्रसित है जिसकी पीड़ा वह जिन्दगी-भर लेकर जीने हेतु मजबूर होगा।

इस तरह किसी स्त्री के गर्भ में पल रहा भ्रूण का विकसित व स्पष्ट रूप 23-24 सप्ताह के पश्चात ही देखा जा सकता है और उसके पश्चात ही उस

भ्रूण के संबंध में उचित निर्णय लिया जा सकता है और यदि जन्म के पश्चात शिशु को होने वाले रोग की पूर्ण जानकारी उस दंपत्ति को बताई जाती है तब उनके द्वारा गर्भ में पल रहे भ्रूण का गर्भपात कराने की इच्छा पर सहमति हेतु मौजूदा कानून में समय सीमा 24 सप्ताह तक का संशोधन किया जाना उचित होगा और इस प्रकार गर्भपात कानून में 24 सप्ताह तक गर्भपात कराना वैध हो सकेगा।

❐

अंतर्जातीय विवाह और भारतीय संविधान

भारतीय संविधान का अनुच्छेद 32 संवैधानिक उपचारों का अधिकार के तहत, भारत के किसी भी नागरिक के मौलिक अधिकारों का हनन किसी के द्वारा किया जाता है तो वह सीधे भारत के उच्चतम न्यायालय में समुचित कार्यवाहियों द्वारा अपने अधिकारों को प्रवर्तित करा सकता है, क्योंकि अनुच्छेद 32(1) उच्चतम न्यायालय को समुचित कार्यवाहियों द्वारा प्रचलित करने के अधिकार की गारंटी देता है। साथ ही अनुच्छेद 21 के अंतर्गत प्रदत्त व्यक्ति के स्वतंत्रता के अधिकार का उल्लंघन कोई नहीं कर सकता है।

जाति-प्रथा राष्ट्र पर एक अभिशाप है और जितनी शीघ्रता से इसे विनष्ट कर दिया जाए उतना ही बेहतर होगा। वास्तव में यह उस समय राष्ट्र को विभाजित कर रहा है। जब हमें राष्ट्र के समक्ष चुनौतियों का सामना करने के लिए एकजुट होना है। अतः अंतर्जातीय विवाह वास्तव में राष्ट्रीय हित में है क्योंकि इनका परिणाम जाति प्रथा को विनष्ट करने में होगा लेकिन ऐसे विशुद्धकारी समाचार देश के अनेक भागों से आ रहे हैं कि उन युवकों और युवतियों को जो अंतर्जातीय विवाह करते हैं, उन पर वास्तव में हिंसा कारित की जाती है। ऐसी हिंसा या धमकी या उत्पीड़न के कार्य संपूर्ण रूप से अवैधानिक हैं और उन्हें जो ऐसे अवैधानिक कार्य करते हैं, कठोरता से दंडित किया जाना चाहिए। इस तरह की चिंता माननीय उच्चतम न्यायालय ने निम्न प्रकरण में व्यक्त की।

उत्तरप्रदेश राज्य की एक 27 वर्षीया नवयुवती जो अपने पिता की मृत्यु के बाद अपने भाई के साथ रहती थी। वह अपने भाई का घर स्वेच्छा से छोड़कर चली गई और एक युवक ब्रहमानंद गुप्ता से आर्य समाज मंदिर में जाकर विवाह कर लिया। भाई ने थाने में अपनी बहन के गायब होने की रिपोर्ट दर्ज करवाई। पुलिस ने युवती और उसके पति को गिरफ्तार कर

लिया। नवयुवती के बयान के बावजूद मजिस्ट्रेट ने उसकी गिरफ्तारी का वारंट जारी कर दिया।

बाद में पुलिस ने इस मामले में अपनी फाइनल रिपोर्ट दी थी। माननीय उच्चतम न्यायालय ने गंभीर चिंता व्यक्त की और यह अभिनिर्धारित किया कि वह पिटीशनर वयस्क थी और उसे अपनी मर्जी से किसी भी व्यक्ति के साथ विवाह करने का अधिकार था। उसने कोई अपराध नहीं किया था, अत: उसके विरुद्ध मजिस्ट्रेट के न्यायालय द्वारा चलाया गया आपराधिक मामला अभिखंडित कर दिया गया और पुलिस प्रशासन को यह निर्देश दिया गया कि नवयुवती को परेशान नहीं किया जाए और उसे पूर्ण सुरक्षा मुहैया कराई जाए।

(लता सिंह विरुद्ध राज्य ए. आर. 2006. 2522)

❏

प्रथम सूचना रिपोर्ट के संबंध में उच्चतम न्यायालय की राय

उच्चतम न्यायालय ने पुलिस द्वारा प्रथम सूचना रिपोर्ट दर्ज करने में हील हवाले को गंभीरता से लेते हुए ऐसे प्रकरणों में दोषी पुलिस अधिकारी को कड़ी फटकार लगाते हुए कहा कि भारत में अधिकारी केवल चाबुक की भाषा ही समझते हैं उच्चतम न्यायालय ने प्राथमिकी दर्ज नहीं करने को अदालत की अवमानना की श्रेणी में माना है व ऐसे प्रकरणों में यदि आरोपी अपनी कार्यवाही को न्यायसंगत सिद्ध करने में असफल रहे तो ऐसे दोषियों को जेल जाने हेतु तैयार रहने को कहा है। उच्चतम न्यायालय ने पुलिसकर्मियों के इस तर्क को सिरे से नकार दिया है कि ऊपर वर्णित स्थिति उन लोगों के लिए है जो पुलिस से वैमनस्यता रखते हैं और पूर्वाग्रह से ग्रसित हैं। वे इस प्रावधान का दुरुपयोग कर सकते हैं। उच्चतम न्यायालय ने पुनः इस बात पर जोर देते हुए कहा है कि भारत में अधिकारी केवल उसी समय सचेत होते हैं जब चाबुक लहराई जाती है। क्या यही स्वराज की अवधारणा है?

उच्चतम न्यायालय ने करोड़ों रुपए के भविष्य निधि घोटाले पर एक पूर्व विधि मंत्री की याचिका पर सुनवाई करते समय उपरोक्त विचार व्यक्त किया था। इसी निर्णय में उच्चतम न्यायालय ने पुलिस की जिम्मेदारियां निर्धारित करने वाला एक विस्तृत प्रक्रिया भी जनसामान्य के लिए प्रतिपादित की है। न्यायालय ने कहा है कि यदि पुलिस प्राथमिकी दर्ज करने से इंकार करती है तो भुक्तभोगी अपने क्षेत्र के मुख्य न्यायिक दंड अधिकारी के पास संबंधित पुलिस अधिकारी की शिकायत लेकर जा सकता है जो समयबद्ध निश्चित कार्रवाई सुनिश्चित करेंगे व इस पर भी संबंधित पुलिस

अधिकारी द्वारा कार्रवाई न करने पर उन्हें जेल भी भेज सकेंगे। उनके विरुद्ध अनुशासनात्मक कार्रवाई की जा सकेगी और प्रकरण के दौरान वे निलंबित भी किए जा सकेंगे।

अपनी अवयस्क पुत्री के लापता होने की प्राथमिकी हेतु उत्तर प्रदेश पुलिस द्वारा निष्क्रियता दिखाने के कारण ललिता कुमारी नामक महिला की याचिका पर सुनवाई करते हुए न्यायिक बैंच ने मत व्यक्त किया कि यह पूरे देश में नगरिकों का अनुभव रहा है कि पुलिस प्राथमिकी दर्ज करने में सामान्य लोगों के प्रति निष्क्रियता दिखाती है व निष्पक्ष ढंग से कार्य नहीं करती है। बहुत बड़ी संख्या में प्रकरणों में प्राथमिकी दर्ज होने के बाद भी प्रकरण में जांच प्रारंभ नहीं होती, जैसा कि उपरोक्त प्रकरण में परिलक्षित हो रहा है। भुक्तभोगी की पुत्री का पता लगाने एवं आरोपी को गिरफ्तार करने में सामान्य प्रक्रिया का पालन नहीं हुआ है। न्यायिक बैंच ने पूर्व प्रकरण में न्यायिक दंडाधिकारी द्वारा कार्रवाई करने से क्षुब्ध पुलिसकर्मी द्वारा दंडाधिकारी पर हमला करने वाले पुलिसकर्मी की जमानत याचिका नामंजूर कर दी थी।

❐

अदालती फैसलों का क्रियान्वयन

मूल कानून से ज्यादा प्रक्रिया ही अक्सर वादियों को सताती है। दीवानी प्रक्रिया संहिता में 1908 के बाद से 300 से ज्यादा संशोधन हो चुके हैं, लेकिन अभी भी यह भूलभूलैया जैसा ही है जिसमें कानूनी रूप से दस लोग ही बाहर निकलने का रास्ता खोज सकते हैं और किनारे पर पहुँच सकते हैं।

हाल के दिनों में उच्चतम न्यायालय ने दो फैसलों में दीवानी प्रक्रिया को सामान्यीकरण किए जाने की बात कही है। तक्षशिला बनाम पुजारी के मामले में 1949 में डिक्री यानी आदेश पारित हुआ था, लेकिन इसका क्रियान्वयन अभी तक नहीं हो पाया है और जीतने वाले पक्षकार को इस डिक्री का लाभ मिलना अभी बाकी है। शुभकरन बुबना बनाम सीता सरन का मामला 1960 का है और यह जटिल प्रक्रिया में फंस गया था और इस यातना का अंत हाल ही में हो पाया है। उच्चतम न्यायालय ने इन उदाहरणों का इंस्तिमाल कानून आयोगों व कानून बनाने वालों को निवेदन करने में किया है ताकि वे संहिता में संशोधन कर सकें और इस तरह से मुकदमा करने वाले को उनके जीवनकाल में ही राहत मिल सके।

एक शताब्दी पुरानी यह संहिता मुकदमा जीतने को लगभग भ्रामक बना देती है। कामयाब पक्षकार को अपने लक्ष्य तक पहुंचने के लिए कई रास्तों से गुजरना पड़ता है। संहिता कई चरणों में विचार करती है: फैसला, डिक्री, प्राथमिक डिक्री का क्रियान्वयन। हर चरण के बीच ठहराव आता है। इस ठहराव का मतलब होता है हारने वाले पक्षकार को प्राथमिक डिक्री का पालन करने में सक्षम बनाना। लेकिन यह मानव का स्वभाव ही है कि वह आसानी से डिक्री का पालन नहीं कर पाता। ऐसे में डिक्री के धारक को अगले पड़ाव यानी चरण की तरफ कदम बढ़ाना होता है। मसलन अंतिम डिक्री या डिक्री के क्रियान्वयन के लिए आवेदन करना।

कोई वादी सोचता है कि उसने रकम की बाबत डिक्री जीत ली थी लेकिन वह पाता है कि उसकी जीत सिर्फ कागजों पर ही है। ऐसे में अदालत उसकी मनोदशा की व्याख्या करती है: वह राहत चाहता है। अगर कोई मुकदमा रकम के लिए है तो वह रकम चाहता है। अगर मुकदमा संपत्ति की बाबत है तो वह संपत्ति चाहता है। स्वाभाविक रूप से वह तब अचंभित होता है जब वह रकम की वसूली के लिए मुकदमा दायर करता है, वह पहले वकील की सेवा लेता है और डिक्री हासिल करता है। उसके बाद फिर वकील की सेवा लेता है और डिक्री का क्रियान्वयन कराता है। उसी तरह जब वह अलगाव के लिए मुकदमा दायर करता है तो फिर अचंभित होता है कि क्यों उसे पहले प्राथमिक डिक्री को सुनिश्चित करना होता है, उसके बाद आवेदन कर अंतिम डिक्री हासिल करता है और फिर वास्तविक राहत के लिए इसके क्रियान्वयन की बाबत मुकदमा दायर करना होता है। सामान्य सवाल यह है कि यह लगातार जारी रहने वाली प्रक्रिया सहज क्यों नहीं हो सकती?

ज्यादातर अदालतों का मुख्य ध्यान मुकदमे के निस्तारण का होता है न कि उस पर कि बाद में क्या होता है। वकीलों के बीच भी सिर्फ आदेश सुनिश्चित करने को ज्यादा महत्त्व दिया जाता है, न कि अंतिम राहत पाने की तरफ। एक बार डिक्री मिल जाने के बाद वकील किनारे हो जाते हैं और फिर अपने कनिष्ठ या लिपिक के हाथ इसके क्रियान्वयन की प्रक्रिया को छोड़ देते हैं। वास्तव में ये प्रक्रियाएं मुख्य डिक्री हासिल करने के मुकाबले ज्यादा समय ले सकती हैं। तब मुकदमा दायर करने वाला रकम और धैर्य दोनों ही खो देता है।

उच्चतम न्यायालय ने कहा है कि इन वजहों से वर्तमान व्यवस्था अप्रचलित है और वर्तमान जरूरतों के हिसाब से अनुपयुक्त है। कोई मुकदमा लागतार चलना चाहिए, यानी मुकदमा दायर करने से लकर अंतिम राहत मिलने तक निर्बाध प्रक्रिया के तौर पर। इसमें अवधारणात्मक बदलाव किया जाना चाहिए ताकि पक्षकार न सिर्फ जल्दबाजी में डिक्री प्राप्त करने में सक्षम हो सके बल्कि वास्तविक राहत भी तेजी से प्राप्त कर सके। इसके लिए संहिता में संशोधन की दरकार है। वर्तमान मामले में उच्चतम न्यायालय ने निचली अदालतों से कहा है कि अंतिम डिक्री की प्रक्रिया में वे तेजी लाएं। इसका मतलब यह हुआ कि इसमें कुछ साल और लगेंगे।

हाल के कुछ मामलों में अदालत ने असाधारण शक्तियों का इस्तिमाल करते हुए लंबी अवधि से चल रही क्रियान्वयन प्रक्रिया को समाप्त किया है। मोटर दुर्घटना दावा न्यायाधिकरण ने बीमा कंपनियों से कहा था कि वह पहले पीड़ित को भुगतान करे और फिर इसकी वसूली मालिक व ड्राइवर से करे। हालांकि मालिक व ड्राइवर के पक्ष ने क्रियान्वयन की प्रक्रिया पर जोर दिया। बीमा कंपनी ने उच्चतम न्यायालय का दरवाजा खटखटाया और कहा कि उन्हें क्रियान्वयन की प्रक्रिया से अलग नहीं रखा जाना चाहिए। नेशनल इंश्योरेंस कंपनी बनाम बलजीत कौर और ओरियंटल इंश्योरेंस कंपनी बनाम तन्जुप्पा के मामलों में अदालत ने घोषित किया कि रिकवरी के मकसद से बीमा करने वालों के लिए जरूरी है कि वह अलग से मुकदमा दायर करे।

इस तरह मुकदमा करने वालों की दुर्दशा के प्रति अदालत जागरूक है, लेकिन कानून बनाने वालों ने इस तरफ नजर नहीं दौड़ाई है। वे नए कानून बनाने में ज्यादा व्यस्त हैं। उन्हें एक दशक पहले श्रीकांत बनाम राजेश के मामले में न्यायालय द्वारा व्यक्त किए शब्दों को सुनना चाहिए- न्याय चाहने वालों को लंबी प्रक्रिया से गुजरना पड़ता है, विभिन्न अदालतों से लेकर कानूनी प्रक्रिया तक। ऐसे लोगों को न्याय पाने के लिए अदालत के पदानुक्रम के तहत आखिरी पायदान तक घसीटा जा सकता है, लेकिन यहाँ भी वह सिर्फ करीब होने का अहसास करता है, जो कि वास्तव में वह पाना चाहता था।

❑

बीमा के दावों की उलझन

बीमा मामलों के वकील जिन विभिन्न पेचीदा मुद्दों पर लगातार बहस करते हैं उनमें से एक मुद्दा बीमित घटना से जुड़े नजदीकी कारण से संबद्ध है। शासनादेश में इसे परिभाषित नहीं किया गया है और भारत में इससे संबद्ध केस नियम बहुत कम हैं। न्यू इंडिया इंश्योरेंस कंपनी बनाम जुआरी इंस्टीट्यूट के मामले में हाल में आया उच्चतम न्यायालय का फैसला इस क्षेत्र का महत्त्वपूर्ण मील का पत्थर है।

बीमा की रकम का दावा करने वाले व्यक्ति को अनिवार्य रूप से साबित करना होता है कि उसे ऐसी घटना से नुकसान उठाना पड़ा, जो कि बीमित था। कारण और प्रभाव के बीच जुड़ाव होना चाहिए। यह उतना आसान सवाल नहीं है जितना कि यह दिख रहा है आग, पानी, सड़क दुर्घटनाएं या समुद्री खतरे से होने वाले नुकसान पर पैदा होने वाला बीमा विवाद कारण व प्रभाव के अनुचित बहाने के इर्द-गिर्द घूमता है।

एक मशहूर मामले में जहाज पर चावल का कार्गो लदा हुआ था। चूहे ने वहाँ छेद कर दिया और फिर समुद्र का पानी घुल जाने की वजह से सामान क्षतिग्रस्त हो गया। सवाल उठा कि इसका सबसे नजदीकी कारण समुद्री खतरे से जुड़ा है या चूहे से। लार्ड हेल्सबेरी ने कहा कि इस नुकसान के लिए चूहे को दोषी नहीं ठहराया जा सकता। समुद्री बीमा अनुबंध के तहत यह समुद्री खतरे का मामला है। फैसले के मुताबिक जहाज पर चूहे की मौजूदगी, उसके मजबूत दाँत, गुरुत्वाकर्षण का सिद्धांत जिसकी वजह से चावल में पानी घुसा, जहाज तैर रहा था। कमजोर पाइप की वजह से इसे कुतरना आसान था - पानी घुलने के कारणों में इनको बताया जा सकता है।

जुआरी इंडस्ट्रीज के मामले में 10 घटनाएं श्रृंखलाबद्ध हुईं, जिसकी वजह से अंततः नुकसान हुआ। गोवा स्टेट इलैक्ट्रिसिटी बोर्ड से बिजली प्राप्त

करने के लिए सब स्टेशन में लगाए गए मुख्य स्विच बोर्ड में शार्ट सर्किट हो गया था। इसकी वजह से वहाँ अत्यधिक ताप उत्पन्न हो गया। पैनल बोर्ड का पेंट इस ताप को सह नहीं पाया और वहाँ धुआँ उठने लगा। इसके बाद वहाँ एक छेद हो गया। यह धुआँ जनरेटर कंपार्टमेंट तक फैल गया, वहाँ भी शार्ट सर्किट की वजह से जनरेटर पावर ट्रिप हो गया। कुल मिलाकर परिणाम यह हुआ कि पूरे प्लांट में बिजली की आपूर्ति ठप हो गई। श्रृंखलाबद्ध घटना का अंत बॉयलर के क्षतिग्रस्त होने के साथ हुआ।

फायर पॉलिसी के तहत जब कंपनी ने नुकसान की बाबत मुआवजे का दावा किया तो सर्वेयर की रिपोर्ट प्राप्त करने के बाद, बीमा करने वाले ने इसे अस्वीकार कर दिया। उसका कहना था कि नजदीकी कारण आग नहीं था, लिहाजा वह नुकसान की भरपाई के लिए जिम्मेदार नहीं है। इस दुर्घटना में कुछ स्वतंत्र चरण भी मौजूद थे, जिसकी वजह से बॉयलर को नुकसान पहुँचा। न्यायालय ने इस रुख को खारिज कर दिया और कहा कि नजदीकी कारण आग था जिसकी वजह से श्रृंखलाबद्ध दुर्घटनाएं हुईं।

कानून यह है कि जरूरी नहीं है कि नजदीकी कारण किसी समय या स्थान के सबसे नजदीक हो। यह चरणबद्ध उपकरणों से संचालित हो सकता है, जैसा कि किसी श्रृंखला के अंत वाला सामान, दूसरी ओर मौजूद सामान द्वारा लगाए गए बल से आगे बढ़ जाता है। अगर लगातार और बिना किसी रुकावट के घटनाएं हों तो फिर सामान्य रूप से इसके जुड़ाव को रखते हुए बीमा करने वाला अपनी जिम्मेदारी से पल्ला नहीं झाड़ सकता।

भारतीय फैसलों की अव्यक्तता को देखते हुए ब्रिटेन के निदर्शित मामलों को सामने रखा जा सकता है। एक मामले में समुद्री बीमा नीति के तहत एक जहाज में खाल व तंबाकू एक जगह से दूसरी जगह ले जाया गया। समुद्री तूफान में खाल सड़ गई और इसके फ्लेवर ने तंबाकू को नष्ट कर दिया, जो बिक्री के लायक नहीं रह गया। न्यायालय ने कहा कि तंबाकू के क्षतिग्रस्त होने की नजदीकी वजह समुद्री खतरा था या फिर तूफान, न कि नुकसानग्रस्त खाल, बीमा कंपनी को इसके लिए जिम्मेदार ठहराया गया।

सामान्य रूप से बीमा के कई दावों में इस सिद्धांत के लागू होने की क्षमता है। एक मामले में तेज गति वाले एक वाहन ने एक व्यक्ति को पानी में गिरा दिया। वह घबरा गया और सदमे की वजह से मर गया। बीमा कंपनी ने तर्क दिया कि सदमे की वजह से उसकी मौत हुई न कि दुर्घटना की वजह

से। अदालत ने उसके नजरिए को अस्वीकार कर दिया। एक और व्यक्ति को वाहन ने टक्कर मार दी और फिर वह निमोनिया से पीड़ित हो गया। अदालत ने कहा कि नजदीकी कारण दुर्घटना था। इसी तरह दुर्घटना में घायल व्यक्ति की शल्य चिकित्सा के दौरान हुई मौत को भी दुर्घटना में हुई मौता माना गया। नजदीकी कारण जरूरी नहीं है कि पहला या फिर अंतिम या नुकसान की पूर्ण वजह हो।

हालांकि घटनाओं की श्रृंखला को इतनी दूर तक खींचा जा सकता। नजदीकी कारण की बात करते हुए लार्ड बेकन ने काफी पहले कहा था - हमें तात्कालिक व नजदीकी कारणों पर अनिवार्य रूप से ध्यान देना चाहिए और मेरी राय में, अंततः किसी व्यक्ति के जन्म की तरफ वापस जाना अव्यावहारिक है। यह कहना हास्यास्पद होगा कि अगर वह पैदा नहीं हुआ होता तो फिर कभी दुर्घटना भी नहीं होती।

❑

धारा 302 का परिचय

भारतीय दंड संहिता (आईपीसी) की धारा 302 से कौन परिचित नहीं है। इस धारा में किसी भी मनुष्य की हत्या के लिए मृत्यु या आजीवन कारावास तथा जुर्माने के दंड को दंडित करने का प्रावधान है, लेकिन कभी इससे कम दंड भी दिया जाता है और तब यह कहा जाता है कि जो हत्या हुई थी वह सदोष मानव वध नहीं था, इस कारण से उसे हत्या के लिए निश्चित दंड नहीं दिया जा सकता। इसके लिए धारा 304 जिसमें हत्या की कोटि में न आने वाले मानव वध के लिए दंड का प्रावधान है, का उल्लेख करते हुए दंड दिया जाता है।

आईपीसी की धारा 299 में आपराधिक मानव वध को परिभाषित किया गया है। यदि कोई भी व्यक्ति किसी की मृत्यु कारित करने के इरादे से या किसी के शरीर को ऐसी चोटें पहुँचाने के इरादे से, जिनसे मृत्यु कारित होना संभव हो या यह ज्ञान रखते हुए कि उसके कार्य से मृत्यु कारित होना संभव है, उस कार्य को करते हुए मृत्यु कारित कर दे, तो यह कहा गया है कि ऐसा व्यक्ति 'आपराधिक मानव वध' का अपराध करता है।

हम इस बात को इस तरह भी समझ सकते हैं कि व्यक्ति किसी गड्ढे पर लकड़ियाँ और घास इस आशय से बिछाता है कि इसके द्वारा मृत्यु हो सकती है और संभव है कि इस यत्न से किसी की मृत्यु हो जाए। कोई दूसरा व्यक्ति यह समझते हुए कि वहाँ सख्त जमीन है, उस पर चलता है और गड्ढे में गिरकर मारा जाता है तब यह माना जाएगा कि पहले व्यक्ति ने दूसरे का आपराधिक मानव वध किया है।

इसी तरह एक व्यक्ति यह जानता है कि एक दूसरा व्यक्ति झाड़ी के पीछे है, लेकिन तीसरा व्यक्ति यह नहीं जानता कि झाड़ी के पीछे कोई व्यक्ति है। पहला व्यक्ति इस इरादे से कि इससे दूसरे व्यक्ति की मृत्यु

कारित होना संभव है तीसरे व्यक्ति को झाड़ी पर गोली चलाने के लिए प्रेरित करता है और गोली चलाने से दूसरे व्यक्ति की मृत्यु हो जाती है। यहाँ यह हो सकता है कि तीसरा व्यक्ति किसी भी अपराध का दोषी न हो लेकिन दूसरा व्यक्ति आपराधिक मानव वध का दोषी है।

एक व्यक्ति किसी झाड़ी के पीछे दिखाई दे रहे एक मुर्गे को मार डालने और फिर उसे चुराकर ले जाने के उद्देश्य से गोली चलाता है लेकिन गोली एक न दिखाई देने वाले दूसरे व्यक्ति को लग जाती है और वह मर जाता है। हालांकि यहाँ पहला व्यक्ति गैर कानूनी काम कर रहा था फिर भी वह आपराधिक मानव वध का दोषी नहीं कहा जा सकता क्योंकि पहले व्यक्ति का इरादा किसी मनुष्य की हत्या करने का नहीं था।

धारा 299 में कुछ स्पष्टीकरण भी सम्मिलित किए गए हैं:

1. कोई व्यक्ति किसी विकार रोग या अंग-शैथिल्य से ग्रस्त दूसरे व्यक्ति को शारीरिक क्षति कारित करता है और इससे दूसरे व्यक्ति की मृत्यु हो जाती है तो यह समझा जाएगा कि पहले व्यक्ति ने दूसरे की मृत्यु क़ारित की है।
2. जहाँ किसी व्यक्ति की शारीरिक क्षति पहुँचाए जाने के कारण मृत्यु हो जाती है और यदि मारे जाने वाले व्यक्ति को उचित चिकित्सा की सहायता मिलने पर उसे बचाया जा सकता था तो भी यह माना जाएगा कि उस व्यक्ति की मृत्यु कारित की गई है।
3. माँ के गर्भ में स्थित किसी शिशु की मृत्यु करना मानव वध नहीं है लेकिन किसी जीवित शिशु की मृत्यु कारित करना, आपराधिक मानव वध की कोटि में आता है और यदि उस शिशु के शरीर का कोई भाग बाहर निकल आया हो, हालांकि उसने श्वास भी न लिया हो और पूरे तौर पर उसका जन्म नहीं हुआ हो।

धारा 300 में कुछ अपवादों को छोड़कर हत्या को परिभाषित किया गया है।

1. वह कार्य जिसके द्वारा मृत्यु कारित की गई है, मृत्यु कारित करने के इरादे से किया गया हो तो वह हत्या है, अथवा
2. वह कार्य किसी व्यक्ति को ऐसी शारीरिक क्षति पहुँचाने के इरादे से किया गया हो जिसके लिए अपराधी जानता हो कि इससे उस व्यक्ति की मृत्यु कारित करना संभव है, जिसको ऐसी क्षति पहुँचाई गई है और उसकी मृत्यु हो गई हो, अथवा

3. कोई कार्य जो ऐसी शारीरिक क्षति पहुँचाए जाने के इरादे से किया गया हो जो प्रकृति के सामान्य अनुक्रम में मृत्यु कारित करने के लिए पर्याप्त हो और जिससे मृत्यु हो गई हो, अथवा
4. कार्य करने वाला व्यक्ति यह जानता हो कि वह कार्य इतना खतरनाक है कि पूरी संभावना है कि वह मृत्यु कारित कर देगा या ऐसी शारीरिक क्षति कारित कर देगा जिससे मृत्यु होना संभव है और वह बिना किसी पर्याप्त कारण के मृत्यु कारित करने या उपरोक्त प्रकार की क्षति पहुँचाने का खतरा उठाते हुए ऐसा कार्य करे।

हम कुछ उदाहरणों की मदद से समझ सकते है:

1. यदि संता बंता को मार डालने के लिए उस पर गोली चलाता है और परिणामस्वरूप बंता मर जाता है तो संता हत्या करता है।
2. संता यह जानते हुए कि बंता ऐसे रोग से ग्रस्त है कि संभावित है कि एक प्रहार ही उसकी मृत्यु कारित कर दे, शारीरिक क्षति कारित करने के इरादे से बंता पर प्रहार करता है और परिणामस्वरूप बंता मर जाता है। यहाँ संता हत्या का अपराध करता है। हालांकि वह प्रहार किसी स्वस्थ व्यक्ति की मृत्यु कारित करने के लिए प्रकृति के सामान्य अनुक्रम में पर्याप्त नहीं होता। हाँ, यदि संता को यह पता नहीं होता कि बंता बीमार है और एक प्रहार भी उसके जीवन के लिए घातक हो सकता है तो वह हत्या का दोषी नहीं होता।
3. संता इरादा करके बंता पर तलवार या लाठी से ऐसा घाव पहुँचाता है जो प्रकृति के मामूली क्रम में किसी भी मनुष्य की मृत्यु कारित करने के लिए पर्याप्त है, परिणामस्वरूप बंता की मृत्यु हो जाती है। यहाँ संता बंता की हत्या का दोषी है, हालांकि उसका इरादा बंता की हत्या करने का नहीं था।
4. संता बिना किसी कारण के मनुष्यों के एक समूह पर भरी हुई तोप चलाता है और उनमें से एक की मृत्यु हो जाती है। संता यहाँ हत्या का दोषी है, हालांकि किसी व्यक्ति की हत्या करने का उसका कोई इरादा नहीं था।

❑

हत्या और कानून

अपवाद - 1

यदि अचानक ऐसी गंभीर उत्तेजना उत्पन्न किए जाने पर कि व्यक्ति आत्मसंयम की शक्ति खो दे और वह उत्तेजना देने वाले व्यक्ति अथवा किसी अन्य व्यक्ति की मृत्यु भूल या दुघर्टनावश कारित कर दे तो ऐसा मानव वध हत्या नहीं कहा जाएगा।

लेकिन इस अपवाद के कुछ बंधन भी हैं। इन उदाहरणों से इस अपवाद को समझा जा सकता है:

1. संता द्वारा उत्तेजित किए जाने के कारण बंता इरादतन संता के पुत्र का वध कर देता हैं। यह हत्या कही जाएगी क्योंकि बंता को संता के पुत्र ने उत्तेजित नहीं किया था और संता के पुत्र की मृत्यु उत्तेजना में दुर्घटना या गलती से नहीं हुई थी।
2. बंता को संता ने अचानक इस तरह उत्तेजित कर दिया कि बंता ने संता पर अपनी पिस्तौल तानी और चला दी। गोली संता को नहीं लगी। लेकिन गोली नजदीक ही पंता को लग गई जो बंता को दिखाई नहीं दे रहा था। बंता का पंता को मारने का कोई इरादा नहीं था और यह संभावित भी नहीं था कि पंता उसकी गोली से मर जाता। यहाँ बंता ने पंता की 'हत्या' नहीं की है किन्तु 'आपराधिक मानव वध' किया है।
3. बंता सिपाही ने अपने मित्र संता को घर से बाहर बुलाया और अचानक उसे गिरफ्तार कर लिया। संता ने अचानक बंता का वध कर दिया। यह हत्या कहलाएगी, क्योंकि आवेश ऐसी बात पर आया था जो बंता ने लोकसेवक के नाते लोकसेवक का कर्तव्य करते हुए की थी।
4. बंता एक मजिस्ट्रेट के समक्ष उपस्थित होकर एक साक्षी के रूप में

बयान करता है कि वह संता की किसी बात पर विश्वास नहीं करता। उसे संता के बयान पर कतई विश्वास नहीं हैं और संता ने शपथ लेकर भी अदालत के सामने झूठ बोलकर शपथ को भंग किया है। संता को अचानक बंता के इस बयान पर आवेश आ गया और उसने बंता का वध कर दिया। यह हत्या है।

5. बंता यकायक संता की नाक पकड़ने का प्रयास करता है। संता उससे बचने के लिए बंता को पकड़ लेता है। जिससे बंता को आवेश आता है और वह संता का वध कर देता है। यह हत्या है क्योंकि उत्तेजना ऐसी बात से हुई है जो व्यक्तिगत प्रतिरक्षा में की गई थी।
6. बंता ने संता पर आघात किया। संता को इससे क्रोध आ गया। पास में ही खड़े उगन्ता ने संता के गुस्से का लाभ उठाने के लिए संता को उसी समय कटार पकड़ा दी और संता ने गुस्से में बंता की हत्या कर दी। यहाँ हो सकता है कि संता आपराधिक मानव वध का दोषी हो लेकिन उगन्ता हत्या का दोषी है।

अपवाद - 2

कोई व्यक्ति शरीर या संपत्ति की व्यक्तिगत प्रतिरक्षा के अधिकार का सद्भावनापूर्ण प्रयोग करते हुए कानून द्वारा उसे दी गई शक्ति का अतिक्रमण कर दे और बिना पूर्व चिंतन के और प्रतिरक्षा के लिए आवश्यक हानि से अधिक अपहानि करने के इरादे के बिना उस व्यक्ति की मृत्यु कारित कर दे जिसके विरुद्ध वह प्रतिरक्षा का अधिकार प्रयोग में ला रहा था, तो आपराधिक मानव वध हत्या नहीं है।

उदाहरण के रूप में, लंबू ने छोटू को चाबुक की कोशिश की, लेकिन इस तरह नहीं कि छोटू को कोई गंभीर हानि या चोट पहुँचाती। अपने बचाव में छोटू ने पिस्तौल निकाल ली, अब उससे न डरते हुए लंबू ने चाबुक को न रोककर हमला जारी रखा। छोटू को लगा कि अब पिस्तौल चलाए बिना वह चाबुक की मार से नहीं बच सकता। उसने गोली चला दी। गोली ऐसे अंग पर लगी कि लंबू का काम तमाम होगा गया। यहाँ छोटू लंबू की हत्या के लिए दोषी नहीं है बल्कि आपराधिक मानव वध का दोषी है।

अपवाद - 3

कोई व्यक्ति लोकसेवक होते हुए या किसी लोकसेवक की मदद करते हुए लोक न्याय को अग्रसर करने के लिए कार्य करते हुए कानून द्वारा दी गई शक्तियों से आगे बढ़कर कोई ऐसा कार्य करता है जिसे वह कानूनी और लोकसेवक के नाते कर्तव्य के उचित निर्वहन के लिए सद्भावनापूर्वक आवश्यक होने का विश्वास रखते हुए मृतक के विरुद्ध कोई वैमनस्यता रखे बिना किसी अन्य व्यक्ति की मृत्यु कारित कर देता है, तो यह हत्या नहीं है, अपितु आपराधिक मानव वध है। इस अपवाद में यह स्पष्ट किया गया है कि ऐसे मामले में यह बात तथ्यहीन है कि किस व्यक्ति ने आवेश दिलाया था या पहला हमला किया था।

अपवाद - 4

झगड़े से उपजे क्रोध की तीव्रता में हुई अचानक लड़ाई में पूर्व चिंता किए बिना, झगड़े का कोई अनुचित लाभ उठाने की मंशा के बिना या क्रूरतापूर्ण या असामान्य तरीके का प्रयोग किए बिना कारित की गई मृत्यु हत्या नहीं है, लेकिन आपराधिक मानव वध है।

अपवाद - 5

यदि जिसकी मृत्यु हुई है वह अट्ठारह वर्ष से अधिक उम्र का होकर भी अपनी सम्मति से मृत्यु होना सहन करता है या मृत्यु का जोखिम उठाता है, उस जोखिम में उसका आपराधिक मानव वध हत्या नहीं है।

उदाहरण के रूप, में लंबू ने अट्ठारह वर्ष से कम आयु के छोटू को उकसाया कि वह स्वेच्छापूर्वक आत्महत्या कर ले। यहाँ छोटू अट्ठारह वर्ष से कम उम्र के होने के कारण अपनी मृत्यु सहन करने या जोखिम उठाने की सम्मति देने में असमर्थ था। इस कारण से लंबू ने हत्या का दुष्प्रेरण किया है।

इच्छित व्यक्ति के स्थान पर किसी अन्य व्यक्ति की हत्या या आपराधिक मानव वध

भारतीय दंड संहिता की धारा 301 में स्पष्ट किया गया है कि यदि कोई व्यक्ति कोई ऐसा कार्य करके जिससे उसका इरादा किसी व्यक्ति की मृत्यु कारित करना हो या ऐसा करने से किसी की मृत्यु संभाव्य हो, किसी ऐसे

व्यक्ति की मृत्यु कारित कर देता है जिसकी मृत्यु कारित करना उसका उद्देश्य नहीं था। यद्यपि यहाँ उसका इरादा उस व्यक्ति की मृत्यु कारित करना नहीं था जिसकी उसने मृत्यु कारित कर दी है। उस व्यक्ति द्वारा कारित की गई मृत्यु उसी तरह आपराधिक मानव वध या हत्या है जिस तरह उस व्यक्ति द्वारा इच्छित व्यक्ति की मृत्यु कारित करना होती।

धारा 302 से 306 में विभिन्न श्रेणियों के आपराधिक मानव वध के लिए दंडों की व्यवस्था की गई है।

❐

जनहित याचिका (पी आई एल)

भारत में जनहित याचिका (पी आई एल) का हाल के दिनों में विकास होने के साथ-साथ इसके दुरुपयोग के मामले सामने आए हैं और इसकी खामियाँ भी उजागर हुई हैं। जनहित से जुड़े वास्तविक मुद्दों को नजरअंदाज किया जा रहा है और देशभर में गैर-जिम्मेदार पीआईएल कार्यकर्ता मुकदमेबाजी के क्षेत्र में नकारात्मक भूमिका निभाते हुए नजर आने लगे हैं। कम लागत पर आम जनता के हितों की सुरक्षा के लिए पीआईएल रूपी जो अस्त्र मौजूद है उसका दुरुपयोग निहित स्वार्थी तत्त्व अधिक मतलब के लिए करने लगे हैं।

साठ और सत्तर के दशक तक भारत में मुकदमे का दायरा व्यक्तिगत सीमा तक ही था, जब लोग अपनी शिकायतों को हल करने के लिए अदालत का दरवाजा खटखटाया करते थे। उन दिनों मुकदमेबाजी का अर्थ ही था, लोगों के अपने निजी विवादों को निपटाने के लिए कानूनी प्रक्रिया का सहारा लेना। उस समय एक व्यक्ति दूसरे व्यक्ति के खिलाफ किसी न किसी विवाद या झगड़े को लेकर मुकदमा दर्ज करता था और न्यायिक कार्यवाही के जरिए मामले का निपटारा किया जाता था। उपभोक्ताओं अथवा आम जनता की समस्याओं को हल करने के उद्देश्य से उस समय कानून का सहारा नहीं लिया जाता था।

यह सारा परिदृश्य अस्सी के दशक में बदलता हुआ नजर आया जब भारत के उच्चतम न्यायालय ने जनहित याचिका (पी आई एल) की अवधारणा को मूर्त रूप प्रदान किया। उच्चतम न्यायालय ने देश के सभी नागरिकों, उपभोक्ता संगठनों एवं सामाजिक कार्यवाही समूहों को कानूनी मदद की आसान राह प्रस्तुत करते हुए व्यापक जनहितों के प्रति अपने सरोकारों को व्यक्त किया।

पी आई एल के नाम से मशहूर जनहित याचिका का अर्थ ही है जनहित से जुड़े मामलों में न्याय प्रदान करना। अस्सी के दशक से पहले वैयक्तिक स्तर पर ही न्यायालय का दरवाजा खटखटाने का प्रचलन था और किसी भी समस्या से सीधे तौर पर अप्रभावित रहने वाले पीड़ित के पक्ष में न्यायालय का दरवाजा नहीं खटखटा सकते थे। दूसरे शब्दों में केवल पीड़ित पक्षों को ही मुकदमा दर्ज करने और लड़ने का हक मिला हुआ था और जो किसी मामले से प्रत्यक्ष तौर पर नहीं जुड़े हुए थे उन्हें मुकदमा दर्ज करने और मुकदमा लड़ने का हक नहीं मिला हुआ था। इस तरह संविधान में नागरिकों के मौलिक अधिकारों की सुरक्षा का जो आश्वासन दिया गया था, वास्तव में देश की करोड़ों निरक्षर जनता उन अधिकारों के हनन के बावजूद अपनी बात न्याय के मंदिर में रख पाने में खुद को असमर्थ महसूस कर रही थी।

लेकिन, सारा परिदृश्य धीरे-धीरे बदलता गया जब आपातकाल के अनुभवों के आधार पर उच्चतम न्यायालय ने आम जनता को न्याय दिलाने के लिए बड़े पैमाने पर न्यायिक सुधारों का सिलसिला शुरू किया। अस्सी के दशक में न्याय प्रणाली में सकारात्मक बदलाव लाने में न्यायधीश पी एन भगवती एवं न्यायधीश वी आर कृष्ण अय्यर ने महत्त्वपूर्ण भूमिका निभाई। उन्होंने उच्चतम न्यायालय को वास्तविक अर्थों में आम भारतीय नागरिकों को मंच बनाने का प्रयास किया। जनहित याचिका के प्रावधान के बाद किसी भी नागरिक या जनसंगठन को यह अधिकार मिल गया कि जनहित से जुड़े मुद्दे पर वह अदालत में शिकायत कर न्याय की मांग कर सकता था। निजी मुकदमों पर आने वाली भारी लागत की तुलना में पीआई एल को निःशुल्क बना दिया गया था, जिससे स्वाभाविक रूप से लोग उसके प्रति आकर्षित हुए।

पीआईएल की विशेषताएं

1. जनहित याचिका के जरिए देश के जागरूक नागरिक न्यूनतम खर्च करके न्याय प्राप्त कर सकते हैं, चूंकि इसकी कार्रवाई के लिए मामूली अदालती शुल्क निर्धारित किया गया है।
2. जनहित याचिका के जरिए याचिकाकर्ता व्यापक जनहित के मुद्दों, जैसे मानवाधिकार, उपभोक्ता के हित एवं पर्यावरण के प्रति न्यायालय का ध्यान आकर्षित कर सकते हैं और न्याय प्राप्त कर सकते हैं।

पीआईएल का दुरुपयोग

जनहित याचिका की सुविधा मिलने के साथ ही निहित स्वार्थी तत्त्वों ने इसका दुरुपयोग करना शुरू कर दिया। बढ़ते दुरुपयोग को देखते हुए उच्चतम न्यायालय को बाध्य होकर पी आई एल कीं सुनवाई और निपटारे के लिए कुछ मानदंड निर्धारित करने पड़े और निर्देश जारी करने पड़े।

असल में जब लोगों को लगा कि बगैर खर्च किए पीआईएल के नाम पर मुकदमे दर्ज करवाए जा सकते हैं और किसी को भी परेशान किया जा सकता है तो लोगों ने फर्जी मामले बनाकर पीआईएल दर्ज करना शुरू कर दिया। फर्जी मामले बनाकर तथाकथित पीआईएल के जरिए स्थगन आदेश प्राप्त कर पीड़ितों से धन उगाही का खेल भी शुरू हो गया। इस तरह पीआईएल की मूल भावना के साथ कुछ लोगों ने खिलवाड़ करना शुरू कर दिया।

जिस तरह किसी हथियार से आत्मरक्षा की जा सकती है उसी तरह उससे किसी की जान भी ली जा सकती है। स्वार्थी तत्त्वों ने पीआईएल को भी एक ऐसा हथियार बना लिया जिसके जरिए वे निजी दुश्मनी या निजी स्वार्थ के उद्देश्य से पीआईएल का दुरुपयोग करने लगे। दुरुपयोग इतना बढ़ गया कि सही मामले के प्रति भी लोगों के मन में संदेह पैदा होने लगा।

मूल भावना की रक्षा कैसे हो?

पीआईएल का दुरुपयोग बंद करवाने के लिए उच्चतम न्यायालय ने नए सिरे से दिशा-निर्देश जारी किए। अदालतों को इस बात की तरफ ध्यान देना होगा कि याचिकाकर्ता का उद्देश्य सही है अथवा वह निजी फायदे या राजनीतिक अथवा व्यावसायिक लाभ उठाने के लिए पीआईएल का इस्तिमाल कर रहा है। अदालत को इस बात का भी ख्याल रखना होगा कि कहीं संकीर्ण सोचवाले राजनेता पीआईएल की मूल भावना के साथ खिलवाड़ न कर पाएं। कई बार राजनीतिक दबाव समूह जब प्रशासनिक प्रक्रिया या राजनीतिक प्रक्रिया के जरिए अपने मकसद तक नहीं पहुँच पाते हैं तब वे पीआईएल के सहारे न्यायालय का इस्तिमाल अपने मकसद को पाने के लिए करना चाहते हैं। ऐसी स्थिति में न्यायालय को सभी पहलुओं पर गौर करते हुए ही पीआईएल पर न्यायिक कार्रवाइ करनी चाहिए।

वर्तमान में अदालत किसी पत्र को भी रिट याचिका के तौर पर ग्रहण कर सकती है। लेकिन इसका अर्थ यह नहीं है कि प्रत्येक पत्र को अदालत

रिट याचिका ही मानेगी। निम्न बिंदुओं के आधार अदालत किसी पत्र को रिट याचिका मानने पर विचार कर सकती है:

1. पत्र किसी भुक्तभोगी द्वारा लिखा गया हो या
2. पत्र किसी जागरूक नागरिक द्वारा लिखा गया हो
3. हिरासत में बंद किसी व्यक्ति के संवैधानिक या वैधानिक अधिकारों के पक्ष में किसी सामाजिक कार्यवाही समूह द्वारा अथवा ऐसे लोगों के वर्ग या समूह द्वारा निर्धनता, सामाजिक-आर्थिक पिछड़ेपन के चलते न्यायालय का दरवाजा खटखटाने में असमर्थ हों।

❑

दूरसंचार सेवा और उपभोक्ता कानून

उन्नीसवीं शताब्दी में अपनी स्थापना के समय से ही दूरसंचार व डाक सेवा उपभोक्ता कानून से मुक्ति का लाभ उठा रही है। यानी इस पर सरकारी एकाधिकार रहा है। उपभोक्ता संरक्षण कानून 1986 ने उनकी सुरक्षा कवच में सेंध लगा दी। हालांकि पिछले दिनों उच्चतम न्यायालय ने महत्त्वपूर्ण कदम उठाते हुए दूरसंचार क्षेत्र को उपभोक्ता कानून से बाहर कर दिया।

ऐसा करने के पीछे जो वजहें बताई गई हैं उसके मुताबिक भारतीय टेलीग्राफ कानून 1985 के तहत मध्यस्थता का प्रावधान है और जिन्हें गलत बिलिंग की शिकायत हो उन्हें यही रास्ता अपनाना चाहिए। जीएम टेलीकॉम बनाम एम.कृष्णन मामले में बिल का भुगतान नहीं होने पर फोन का कनेक्शन काट दिया गया। उपभोक्ता फोरम ने पाया कि यह कदम गलत था और फोन उपभोक्ता को मुआवजा का फैसला सुनाया। विभाग की अपील पर केरल उच्च न्यायालय के पूर्ण पीठ ने फैसला बरकरार रखा। इसके बाद विभाग ने उच्चतम न्यायालय में अपील की। अपने संक्षिप्त आदेश में अदालत ने कानून को बदल दिया जो कि दो दशक से प्रभावी था। बचाव के लिए उच्चतम न्यायालय के सामने उपभोक्ता उपस्थित नहीं हुआ था। विभाग के रुख का विरोध करने के लिए इसे उपभोक्ता कानून से छूट मिली हुई थी। इसलिए कानून में बड़े बदलाव करने से पहले न्यायालय उपभोक्ता फोरम द्वारा दिए गए फैसले की बाबत तर्क नहीं सुन पाया।

न्यायालय ने कहा कि टेलीग्राफ अधिनियम की धारा 7-बी के तहत केंद्र सरकार द्वारा चयनित व्यक्ति द्वारा मध्यस्थता का प्रावधान है और उनका विचार बाध्यकारी होगा। चूंकि टेलीग्राफ अधिनियम विशेष कानून है, लिहाजा अपभोक्ता संरक्षण कानून जैसे सामान्य कानून पर इसे तरजीह दी जाएगी।

हालांकि यह स्पष्ट है कि उपभोक्ता संरक्षण कानून अतिरिक्त उपचार मुहैया कराता है। धारा-3 कहती है कि इसके प्रावधान अतिरिक्त होंगे न कि किसी अन्य कानून के प्रावधानों के अल्पीकरण से ऐसा किया जाएगा। अगर ऐसा था तो उपभोक्ता फोरम द्वारा क्यों कई मामले सुने गए जबकि विशेष कानून मौजूद था।

वर्तमान आदेश खुद उच्चतम न्यायालय द्वारा तय किए उदाहरण के खिलाफ जाता है स्काईपैक कोरियर बनाम टाटा कैमिकल्स मामले में वर्ष 2000 में न्यायालय ने कहा था कि अनुबंध में मध्यस्थता की उपधारा की मौजूदगी के बाद भी सेवा में कमी पर उपभोक्ता फोरम के पास शिकायत की जा सकती है। तीन न्यायाधीश वाली पीठ ने कहा - ऐसा इसलिए क्योंकि पीड़ित के लिए उपभोक्ता कानूनं विशेष उपचार की खातिर था। वर्तमान दूरसंचार आदेश दो न्यायाधीशों की पीठ ने दिया है जोकि बड़े पीठ के फैसले का अनुसरण करने के लिए बाध्य हैं।

फेयर एयर इंजीनियर्स बनाम एन. के. मोदी मामले में न्यायालय ने 1997 में कहा था कि उपभोक्ता फोरम द्वारा शिकायत करने वाले पक्षकार को बोझिल मध्यस्थता कार्यवाही की तरह नहीं भेजा जाना चाहिए। मध्यस्थता अधिनियम, अनुबंध अधिनियम और दीवानी प्रक्रिया संहिता के उपचार के प्रति संसद जागरूक था। न्यायालय ने कहा कि इसके बावजूद उपभोक्ता संरक्षण कानून अतिरिक्त उपचार मुहैया कराता है।

तिरुमुरुगन कोआपरेटिव क्रेडिट सोसायटी बनाम एन ललिता के मामले में न्यायालय ने फोरम का रुख करने के उपभोक्ता के अधिकार को सही बताया जबकि कानून में मध्यस्थता का प्रावधान था। विवाद की स्थिति में तमिलनाडु कोआपरेटिव कानून में मध्यस्थता का प्रावधान है। इसके बाद भी न्यायालय ने जोर दिया कि अपभोक्ता फोरम कोआपरेटिव के सदस्यों के बीच के विवाद की सुनवाई कर सकता है। सुमति देवी बनाम केन्द्र सरकार के मामले में एसी कोच में यात्रा कर रही एक बुजुर्ग महिला को नागपुर में एक भीड़ ने लूट लिया। क्षतिपूर्ति के लिए उन्होंने उपभोक्ता फोरम का दरवाजा खटखटाया न कि रेलवे ट्रिब्यूनल का। उच्चतम न्यायालय ने उपभोक्ता फोरम के फैसले को सही ठहराया।

सामान्य व्यक्ति के लिए एकाधिकार के दैत्य से निपटना कितना मुश्किल है। इसका अंदाजा हाल के एक मामले टेलीकॉम बनाम अजीब

सिंह से लगाया जा सकता है। 76 वर्षीय बुजुर्ग का फोन कनेक्शन कथित तौर पर बिल का भुगतान न किए जाने पर काट दिया गया। सामान्य तौर पर उनका बिल 160 रुपए महीना होता था, लेकिन लगातार दो महीने यह 20 हजार रुपए प्रति माह जा पहुँचा। उन्होंने शिकायत की, लेकिन इसे ठीक नहीं किया गया और उन्हें गलत बिल मिला।

15 हजार रुपए का मुआवजा दिए जाने का फैसला देते हुए पंजाब राज्य उपभोक्ता आयोग ने कहा – सरकारी एकाधिकार की यह घिनौनी गाथा है। वरिष्ठ नागरिक को दस साल तक बिना फोन के रहना पड़ा, जब उनकी शिकायत उपभोक्ता फोरम के पास थी। अगर उन्होंने विभाग से सरकार द्वारा नामांकित व्यक्ति से मध्यस्थता कराने को कहा होता तो फैसला आने में और देर लगती और ज्यादा संभावना है कि यह उनके खिलाफ होता।

फैसले में कहा गया है कि सामान्य व्यक्ति के खिलाफ क्रूरता या नृशंसता के अलावा इसे कुछ और नहीं कहा जा सकता। ऐसे कई फैसले हैं जिसमें गलत बिलिंग और फोन काटे जाने का मामला मुख्य विषय रहा है और उपभोक्ता फोरम ने उपभोक्ताओं के हित में कदम उठाए हैं।

❑

मोटरवाहन कानून में बीमा कवरेज

उच्चतम न्यायालय के तीन पीठों ने मोटरवाहन अधिनियम के तहत बीमा कवरेज के संबंध में विगत में दिए गए अदालती फैसलों की उपयुक्तता पर हाल में संदेह व्यक्त किया है। इसलिए हर पीठ ने यह सवाल बड़े पीठ को निर्दिष्ट कर दिया। ये सभी मामले बीमा कंपनियों द्वारा दिए जाने वाले मुआवजे से संबंधित हैं।

पहला मामला अधिनियम की विवादास्पद दूसरी अनुसूची का है, जिसमें सड़क दुर्घटना के बाद मुआवजे के आकलन के लिए एक तालिका दी गई है। न्यायालय ने विगत में इस तालिका को असाध्य करार दिया था और इसे खराब अंकगणित का नमूना बताया था। रेशमा कुमारी बनाम मदन मोहन के मामले में आए ताजा फैसले में पाया गया कि अधिनियम की दूसरी अनुसूची में कई खामियाँ हैं। इस मामले में मौजूद तथ्यों के हवाले से समस्या की व्याख्या करते हुए फैसले में कहा गया है- यह उस तर्क को नहीं मानता है कि एक समान परिस्थितियों में बीमित व्यक्ति या उसके वारिस को अनुसूची में तय की गई रकम से कम मुआवजा क्यों मिलता है।

दूसरा मामला भाग्यलक्ष्मी बनाम यूनाइटेड इंश्योरेंस कंपनी का है। इसमें निजी कार में यात्रा करते समय किसी व्यक्ति की मौत हो जाने पर बीमा करने वाले के दायित्व बाबत पूर्व में दिए गए फैसलों में अंतर को रेखांकित किया गया है। कंपनी ने तर्क दिया कि अनुबंध के तहत वह मुआवजा देने के लिए उत्तरदायी नहीं है।

तीसरा संदर्भ चिंता पैदा करता है। इसने ऐसे सवाल को पुनर्जीवित कर दिया है जिसका जवाब बड़े पीठ और यहाँ तक कि संविधान पीठ के कई फैसलों में आया है। नेशनल इंश्योरेंस कंपनी बनाम पार्वती देवी के मामले में दो न्यायधीशों का पीठ चाहता था कि बड़ा पीठ उन शक्तियों की जाँच

करे कि क्या अदालत सड़क दुर्घटना के मामले में बीमा करने वाले को मुआवजा देने के लिए कह सकता है? हालांकि बीमा करने वाला कानूनी तौर पर पीड़ित को मुआवजा देने को बाध्य नहीं होता। यह संदर्भ अनावश्यक लग रहा है और नकारात्मक जवाब समाज के कमजोर वर्गों के हित को प्रभावित कर सकता है।

कई मामलों में वाहन ऐसे व्यक्तियों द्वारा चलाये जा रहे थे जिनके पास वैध लाइसेंस नहीं था और मालिक ने उनके दस्तावेज की जाँच नहीं की या ऐसा करने में लापरवाही बरती। इसलिए मुआवजे के भुगतान के लिए बीमा कंपनी की कोई जवाबदेही नहीं थी क्योंकि पॉलिसी की शर्तों का उल्लंघन किया गया था। ऐसे मामलों में उच्चतम न्यायालय बीमा करने वालों से पीड़ित व्यक्ति को मुआवजे का भुगतान करने को कहता रहा है और फिर इसको वसूली दोषी चालक के मालिक से करने को कहता है। अशिक्षित या गरीब विधवा या आश्रितों की मदद की खातिर ऐसा किया गया था, अन्यथा परिवार के लिए जीविका कमाने वाले की मौत के बाद उन्हें अभाव में जीवन गुजारने को बाध्य होना पड़ता। उन पर वाहन मालिक के खिलाफ मुकदमा का बोझ नहीं डाला जा सकता या फिर सामान्य तौर पर गायब होने वाले चालक के खिलाफ। भारतीय अदालतों द्वारा मुआवजे का आदेश किसी भी स्थिति में काफी कम रकम का दिया गया है जो कि सामान्य मामलों में शायद ही दो लाख रुपए से ज्यादा हो।

उच्चतम न्यायालय ऐसे आदेश संविधान के अनुच्छेद 142 के तहत पारित करता है। इसके तहत उन्हें पूर्ण न्याय के लिए ऐसे आदेश जारी करने की शक्ति मिली हुई है। इंसान द्वारा लिखे गए नियम में जिंदगी की सभी परिस्थितियों की परिकल्पना नहीं हो सकती। इसलिए कानून के तहत पूर्ण न्याय के लिए अदालत को कुछ हद तक स्वविवेकाधिकार की शक्ति प्रदान की गई है।

कई मामलों में उच्चतम न्यायालय द्वारा इन असाधारण शक्तियों का इस्तिमाल किया गया है। इसने कई मामलों में हस्तक्षेप किया है, मसलन श्रम अदालत के आदेश के होते हुए रियायती दर पर कामगारों को अनाज की आपूर्ति, राशन के लिए दी गई रकम की रिकवरी, कर्मचारियों को आवास का आबंटन, किराएदार को मकान से बाहर निकालना, किराया तय करना, समझौते के लिए पक्षकारों को बाध्य करना और शादी का टूटना। ऐसे में कड़ाई से नियम का पालन अन्याय और असंवेदनशील जैसा नहीं होता।

कुछ उदाहरण ऐसे भी सामने आए, जब अदालत ने जीतने वाले पक्षकार को विशेष परिस्थितयों की वजह से हारने वाले को भुगतान करने को कहा। वक्फ बोर्ड बनाम बीरा दावों (1999) के मामले में याचिका दायर करने वाले की याचिका न्यायालय ने खारिज कर दी। लेकिन बोर्ड से विवादित रकम का भुगतान करने को कहा। पंजाब राज्य बनाम देविंदर कौर (1999) के मामले में अदालत ने एक ऐसी माँ को पारिवारिक पेंशन देने का आदेश दिया जिसका बेटा दयनीय हालात में चल बसा था। पारिवारिक पेंशन स्कीम के तहत परिवार की परिभाषा में माता-पिता को शामिल नहीं किया गया था।

यूनियन कार्बाइड के मामले में संविधान पीठ ने अनुच्छेद 142 के तहत उच्चतम न्यायालय को मिली शक्तियों की चर्चा की और इस बात पर जोर दिया कि इसने पूरी तरह से अलग स्तर पर काम किया। सामान्य कानून के तहत निषेध व सीमाएं संविधान के अनुच्छेद 142 के तहत कारगर नहीं हो सकते। फैसले में कहा गया कि यह अधिकार का मामला था, यहाँ न्यायाधिकार क्षेत्र के अभाव का सवाल नहीं था।

उत्साहित करने वाले ऐसे उद्धरणों को देखें तो इनमें से कई फैसले प्रसिद्ध न्यायाधीशों ने संविधान पीठ में रहते हुए किए। ऐसे में नुकसान की भरपाई वाला मुद्दा बड़े पीठ को समीक्षा के लिए सौंपना निरर्थक लगता है, तब तक दावा करने वालों से और न ही दोषी मालिकों से कुछ हासिल कर पाएंगे, छोटे पीठ द्वारा व्यक्त किए गए ये संदेह बीमा कंपनियों के लिए खुशी का सबब हैं।

❑

राष्ट्रीय उपभोक्ता फोरम में अपील कैसे करें?

यदि शिकायत सबसे पहले किसी राज्य उपभोक्ता आयोग के समक्ष धारा 17 के अंतर्गत प्रस्तुत की गई थी और उस पर किसी राज्य उपभोक्ता आदेश द्वारा पारित किया गया है तो इस आदेश के पारित किए जाने की तिथि से 30 दिनों के भीतर अपील राष्ट्रीय उपभोक्ता आयोग के समक्ष प्रस्तुत की जा सकती है। .यह अपील प्रथम अपील कही जाएगी।

राष्ट्रीय उपभोक्ता आयोग के समक्ष उपभोक्ता अधिनियम 1986 के अंतर्गत प्रथम अपील राष्ट्रीय आयोग के पंजीकरण विभाग में निम्न प्रकार पस्तुत की जा सकती है।

1. अपील आयोग के कार्यदिवसों पर सुबह 10 बजे से सायं 4.30 बजे के बीच नई दिल्ली स्थित जनपथ भवन में स्थित पंजीकरण विभाग में प्रस्तुत की जा सकती है।
2. प्रथम अपील के साथ उसके समर्थन में शपथ पत्र संलग्न होना आवश्यक है।
3. अपील की फाइल कवर सहित पेपर बुक के रूप में होना चाहिए और उसकी चार प्रतियाँ राष्ट्रीय कमीशन के लिए तथा एक-एक प्रति प्रत्येक उत्तरदाता के लिए संलग्न होनी चाहिए, सभी प्रतियों के प्रत्येक पृष्ठ पर पृष्ठ क्रमांक अंकित होना चाहिए तथा अनुक्रमणिका के साथ होनी चाहिए। अनुक्रमणिका निम्न प्रकार होनी चाहिए:

   (अ) अनुक्रमणिका

   (आ) तिथियों की सूची

   (इ) पक्षकारों का विवरण

(ई) अपील शपथ पत्र सहित

(उ) स्थगन प्रार्थना पत्र शपथ पत्र सहित यदि आवश्यक हो

(ऊ) अवधि का विवरण

(ए) राज्य आयोग के आदेश की प्रमाणित तिथि

(ऐ) कोई अन्य दस्तावेज जो आवश्यक हो

(ओ) रजिस्ट्रार एनसीडी आर सी नई दिल्ली के नाम डिमांड ड्राफ्ट

उक्त के अतिरिक्त निम्न सावधानियाँ भी रखी जानी आवश्यक हैं:

1. अपील और सभी दस्तावेज अंग्रजी में होने चाहिए, यदि दूसरी भाषा में हों तो उनका अंग्रेजी अनुवाद संलग्न किया जाए।
2. यदि ऊपर वर्णित क्रम में दस्तावेजों को नहीं लगाया गया तो अपील वापस लौटा दी जाएगी और तभी प्राप्त और रजिस्टर की जाएगी जब उनकी कमियाँ पूरी कर ली जाएंगी।
3. अपील सुनवाई हेतु स्वीकार हो जाने के उपरांत कोई भी दस्तावेज तभी प्राप्त किया जाएगा जबकि उसकी प्रतियां विपक्षी पक्षकारों की सुनवाई की तिथि से दो दिन पूर्व दे दी गई हो और दिए जाने का प्रमाण संलग्न हो।

❒

कर्ज वसूली कानून

हाल के दो शासनादेशों ने गैर-निष्पादन आस्तियों के मामले में बैंकों और वित्तीय संस्थानों को मजबूत हथियार प्रदान किए हैं, लेकिन लगता है कि इसने उधार लेने वालों के हितों को नजरअंदाज कर दिया है। इसलिए तेजी से कर्ज की वसूली के संबंध में हाल के दिनों में लाभ प्राप्त करने वालों को दो गंभीर परिवर्तनों से जूझना पड़ा। इंडियन ओवरसीज बैंक बनाम अशोक शॉ मिल के मामले में उच्चतम न्यायालय ने कहा कि सुरक्षित लेनदार द्वारा उठाए गए कदमों को न सिर्फ दरकिनार किया जा सकता है बल्कि कर्ज वसूली न्यायाधिकरण यथास्थिति भी बहाल कर सकता है। सिक्योरिटाइजेशन एंड रिकंस्ट्रक्शन ऑफ फाइनैंशियल एसेट एंड एनफोर्समेंट ऑफ सिक्योरिटी इंटरेस्ट एक्ट 2002 के तहत परिकल्पित फास्ट प्रक्रिया पर यह आघात था।

नाहर इंडस्ट्रियल इंटरप्राइजेज बनाम एचएसबीसी के मामले में न्यायालय ने घोषित किया कि पंजाब एवं हरियाणा उच्च न्यायालय बकाया वसूली से संबंधित मामला मुंबई स्थित कर्ज वसूली न्यायाधिकरण को हस्तांतरित नहीं कर सकता। ये दोनों ही फैसले सुरक्षित लेनदार के खिलाफ गए।

नाहर के मामले में उधार लेनेवाली फर्म के भुगतान को लेकर बैंक से विवाद था और इसने लुधियाना की दीवानी अदालत का दरवाजा खटखटाया। दूसरी ओर बैंक ने मुंबई स्थित कर्ज वसूली न्यायाधिकरण का रुख किया। उच्च न्यायालय ने इस हस्तांतरण को मंजूरी दे दी। यह अपील आदेश के खिलाफ थी। कई और बैंक ऐसे ही मामलों मे सर्वोच्च न्यायालय पहुँच गए।

सर्वोच्च न्यायालय ने इस तथ्य को माना कि दीवानी मामलों में लंबा वक्त लगता है। फैसले में कहा गया कि निर्विवाद रूप से उपचार और अपने आप मामले को तेजी से निपटाने की खातिर दीवानी न्यायालय को न्यायधि

कार क्षेत्र से बाहर निकलने के लिए पर्याप्त वजह नहीं मिल पाती। बैंकों व वित्तीय संस्थानों की बकाया वसूली के लिए 1993 के कानून और बाद मैं एसएआरएफईएमआई कानून कर्ज वसूली की मुश्किलों को देखकर बनाए गए थे। हालांकि मुश्किल मामले कानून के लिए उलझन हो सकते हैं। जैसा कि इन दोनों मामलों में पाया गया।

कर्ज वसूली कानून की धारा 17 के मुताबिक शासनादेश के जरिए स्थापित न्यायाधिकरण कर्ज की वसूली की खातिर बैंकों व वित्तीय संस्थानों के आवेदन पर फैसला ले सकते हैं। हालांकि लेनदार द्वारा स्वतंत्र कार्यवाही की शुरुआत नहीं की जा सकती। उसे अपने स्वतंत्र अधिकार लागू कराने के लिए विशेष मंच नहीं मिला हुआ है। वह न्यायाधिकरण का दरवाजा नहीं खटखटा सकता। इन परिस्थितियों में उधार लेने वाले को दीवानी अदालत का दरवाजा खटखटाना पड़ता है। इसके अतिरिक्त न्यायाधिकरण डिक्री पारित नहीं कर सकता। वह सिर्फ रिकवरी सर्टिफिकेट जारी कर सकता है, जिसे लागू कराया जा सकता है। सर्वोच्च न्यायालय ने घोषित किया है कि यह दोनों पक्षकारों के अधिकार के संतुलन का मामला है और दीवानी अदालत का न्यायधिकार जारी रहेगा।

इस मामले में मौजूद भ्रम सर्वोच्च न्यायालय के हॉल के दो फैसलों से स्पष्ट हो जाता है जिसमें खुद न्यायालय ने इसके विपरीत पेश किया था। दोनों ही फैसले समन्वय पीठ ने दिए थे जिसमें न्यायाधीशों की संख्या समान थी। हालांकि वर्तमान फैसला दो न्यायाधीशों की पीठ ने दिया था, पर इसने इंडियन बैंक बनाम एबीएस मैरीन शेड्यूल लिमिटेड (2006) के फैसले को मंजूर कर लिया था। इस फैसले में न्यायालय ने कहा था कि कोई मामला दीवानी अदालत कर्ज वसूली न्यायाधिकरण को हस्तांतरित नहीं किया जा सकता। भारतीय स्टेट बैंक बनाम रंजन कैमिकल्स लिमिटेड (2006) के मामले में एक अन्य पीठ ने अलग विचार पेश किया था।

ऐसी परिस्थिति अक्सर सर्वोच्च न्यायालय और उच्च न्यायालय के समक्ष उत्पन्न हो जाती है। हालांकि 1985 में भारत सरकार बनाम गॉडफ्रे फिलिप्स इंडिया के मामले में सर्वोच्च न्यायालय ने स्पष्ट किया था कि न्यायालय के खंडपीठ द्वारा कानूनी फैसला उसी तरह के खंडपीठ या न्यायाधीशों की कम संख्या वाले पीठ पर बाध्यकारी होगा। यह जरूरी नहीं है कि ऐसा फैसला पूर्ण पीठ या संविधान पीठ का ही होना चाहिए। बाद

में न्यायाधिक जवाबदेही वाली उपसीमित बनाम केंद्र सरकार (1992) में जोर दिया गया था कि वास्तव में इस अदालत का कोई भी समन्वय पीठ इस पर टिप्पणी नहीं कर सकता। जहाँ उसने अपने स्वविवेक से फैसला दिया हो या फिर वैसे मामले में किसी अन्य समन्वय पीठ ने न्याय प्रदान किया हो। इन स्पष्ट घोषणाओं के आलोक में सर्वोच्च न्यायालय ने हाल के मामले में कहा कि रंजन कैमिकल्स मामले में न्यायाधीशों ने इंडियन बैंक मामले से अलग फैसला नहीं लिया था।

कानून निर्माताओं ने इन दोनों अधिनियमों का मसौदा तैयार करते समय पूरी तरह एक समस्या को दरकिनार कर दिया था, वह था उधार लेने वालों के हितों की रक्षा करने का मामला। एस ए आर एफ ए ई एस आई अधिनियम के तहत सुरक्षित लेनदारों को दी गई शक्ति कठोर है और उधार देने वाला कुछ लोगों पर निष्ठुर हो सकता है। दूसरी ओर उधार लेने वाले चालाक लोग अवरोध खड़े कर सकते हैं और दीवानी अदालत का दरवाजा खटखटा सकते हैं। पिछले कुछ सालों में इन दिनों अधिनियमों में बदलाव हुआ है। जब तक संतोषजनक समाधान नहीं निकल जाता, अदालत को दोनों पक्षकारों के हितों में संतुलन स्थापित करना होगा।

❑

प्रथम सूचना रिपोर्ट (एफ आई आर)

जो सूचना किसी पुलिस अधिकारी को निर्धारित नियमों के तहत लिखित रूप में प्रदान की जाती है उसे 'प्रथम सूचना' कहते हैं और लिखित स्वरूप में उसी सूचना को 'प्रथम सूचना रिपोर्ट' (एफ आई आर) कहकर पुकारा जाता है।

भारतीय दंड संहिता की धारा 154 (1) में वर्णित है कि प्रत्येक संज्ञान योग्य अपराध (ऐसा अपराध जिसके आरोप में किसी व्यक्ति को वारंट के बगैर भी गिरफ्तार किया जा सकता है) के संबंध में अगर थाने के प्रभारी को मौखिक सूचना दी जाती है तो उसे अधिकारी द्वारा या उसके निर्देश पर लिखा जाना चाहिए और सूचना देने वाले को पढ़कर सुना देना चाहिए।

इस तरह की प्रत्येक सूचना को लिखित स्वरूप प्रदान करने के बाद सूचना देने वाले व्यक्ति का हस्ताक्षर करवा लेना चाहिए।

सूचना को निर्धारित प्रपत्र वाली पुस्तिका में दर्ज करना चाहिए।

धारा 154 (2) के अनुसार, थाने में दर्ज की गई सूचना की एक प्रति सूचना देने वाले व्यक्ति को निःशुल्क मुहैया कराई जानी चाहिए।

धारा 153 (3) में बताया गया है कि अगर पुलिस अधिकारी एफआईआर दर्ज करने से इंकार कर देता है तो सूचना देने वाला पुलिस अधीक्षक को डाक के जरिए अपनी सूचना प्रेषित कर सकता है। पुलिस अधीक्षक ऐसे मामलों की खुद ही जाँच-पड़ताल कर सकता है अथवा अपने अधीनस्थ अधिकारी को जाँच का आदेश दे सकता है।

किसी थाने के पुलिस अधिकारी से एफआईआर के रूप में किसी न किसी संज्ञान योग्य अपराध की शिकायत की जाती है और यह उसकी जवाबदेही बनती है कि वह मामले को दर्ज करते हुए जाँच शुरू कर दे।

सूचना दर्ज करवाने वाले व्यक्ति का उद्देश्य होता है कि एफआईआर

दर्ज होने के बाद कानून को अपना काम शुरू कर देना चाहिए। वहीं पुलिस अधिकारी का उद्देश्य होना चाहिए कि कथित अपराध के संबंध में जानकारियाँ जुटाकर वह दोषी व्यक्ति को गिरफ्तार कर सके।

यहाँ सूचना शब्द का प्रयोग शिकायत या अभियोग के अर्थों में अथवा किसी अपराध की जानकारी के रूप में किया गया है।

एफ आई आर दर्ज करते समय निम्नलिखित पहलुओं पर गौर करना चाहिए:

- सूचना मनगढ़ंत या अस्पष्ट नहीं होनी चाहिए बल्कि तथ्यों पर आधारित होनी चाहिए, ताकि पुलिस उसके आधार पर अपराध के खिलाफ कार्रवाई शुरू कर सके।
- सूचना कोई भी प्रदान कर सकता है, इसके लिए भुक्तभोगी का स्वयं थाने में पहुँचना अनिवार्य नहीं है।
- इसमें दोषी या गवाह के नामों का शामिल होना या अपराध की परिस्थिति का वर्णन होना जरूरी शर्त नहीं है, चूंकि यह प्रथम सूचना रिपोर्ट है, जिसके आधार पर पुलिस हरकत में आती है।

  पुलिस के पास एफ आई आर लिखवाने की कोई समय-सीमा निर्धारित नहीं की गई है। कानून कहता है कि विलंब से एफ आई आर लिखवाने पर भी न्याय किया जाएगा। उदाहरण के तौर पर, जब बलात्कार के एक मामले में एफ आई आर दर्ज करवाने में विलंब हुआ तब अदालत पीड़ित के परिवार की इस दलील से सहमत हुई कि इस मामले में परिवार की प्रतिष्ठा का सवाल जुड़ा हुआ था।

❐

भूमि अधिग्रहण कानून

भारत में मौलिक अधिकारों की संख्या में इजाफा हो रहा है। देश के नागरिकों को मूल रूप से सात मौलिक अधिकार मिले हुए थे, पर इसमें दो अधिकार और जोड़े गए हैं।

पहला है काम और शिक्षा का अधिकार, जो मिल चुका है और दूसरा खाद्य सुरक्षा के अधिकार का इंतजार है। दूसरा अधिकार शायद सबसे ज्यादा महत्त्वूपर्ण है।

विभिन्न मकसदों के लिए किया जाने वाला जमीन अधिग्रहण एक चुनौती है। अगर इस अधिकार को वास्तविकता में बदलना है तो इससे निबटने का इंतजाम करना होगा, अन्यथा दोगुना आयात बिल के भुगतान के जरिए गरीबों को सब्सिडी वाला अनाज मुहैया कराना होगा और इसका कोई मतलब नहीं रह जाएगा।

भूमि अधिग्रहरण कानून के अनुच्छेद 55 (4) का कहना है क़ि कंपनी के नियम तिनके की तरह हैं जिससे कई किसान नासमझ सौदों से अपनी उपजाऊ जमीन बचाना चाहते हैं क्योंकि यह वैसी वैकल्पिक जमीन को मौजूदगी को नकारता है जो कृषि के लिए उपयुक्त नहीं है।

पूरन सिंह और 400 किसानों ने उत्तर प्रदेश सरकार के खिलाफ इलाहाबाद उच्च न्यायालय में याचिका दाखिल कर रखी है। याचिका के माध्यम से अनिल अंबानी घराने द्वारा दादरी में गैस आधारित बिजली संयंत्र लगाने के लिए 2500 एकड़ जमीन अधिग्रहीत करने को चुनौती दी गई है।

जनवरी 2008 में इस अधिग्रहण पर रोक लगी थी और नियम 4 के तहत ही यह काम हुआ था। नियम 4 कहता है कि अगर कोई कंपनी सार्वजनिक मकसद के लिए खेती की जमीन का अधिग्रहण करती है तो हर सरकार के लिए यह बाध्यकारी है कि उस जमीन की उर्वरता की जाँच करे।

इस मामले में कहा गया था यह सार्वजनिक मकसद के लिए है क्योंकि यह बिजली संयंत्र का मामला है। लेकिन जमीन अधिग्रहण के समझौते पर फरवरी 2004 में मुलायम सिंह सरकार और रिलायंस पावर ने हस्ताक्षर किए थे और कहा गया था कि बिजली संयंत्र के जरिए 3250 मेगावाट बिजली का उत्पादन होगा। यह निवेदन कंपनी द्वारा और कंपनी के लिए किया गया था जो कि पूरी लागत वहन करेगी। बाद में सरकार ने जमीन अधिग्रहण के लिए अधिसूचना जारी कर दी थी। याचिका दाखिल करने वाले लोगों ने तर्क दिया है कि अगर यह परियोजना सार्वजनिक मकसद के लिए स्थापित की जा रही थी तो फिर इसमें समझौते की दरकार ही नहीं थी।

और अगर कंपनी के साथ हुआ यह समझौता नियम 4 के तहत हुआ है तो फिर जाँच अवश्य की जानी चाहिए थी। यह कंपनी को इस बात के लिए बाध्य करता है कि वह सीधे किसानों के साथ बातचीत करे। यह जमीन दोआब इलाके में है जहाँ दो नदियाँ गंगा व यमुना मिलती हैं और इस जमीन को काफी उपजाऊ माना जाता है।

सिंगूर में खेती की 1000 एकड़ उपजाऊ भूमि का अधिग्रहण किया गया था, लेकिन विरोध के चलते टाटा को वापस जाना पड़ा, पर आज भी जमीन किसानों को वापस नहीं मिली है।

उच्चतम न्यायालय में यह मामला फिलहाल लंबित पड़ा है जहाँ किसानों ने नियम -4 को लागू करने की माँग की है। डाबरी के मामले में याचिका दाखिल करने वाले लोगों का कहना है कि सोनभद्र में 1000 मेगावाट वाला गैस आधारित पावर प्लांट लगाने के लिए टाटा ने 110 एकड़ जमीन के लिए आवेदन किया था, लेकिन उसी सरकार ने टाटा को जमीन देने से इनकार कर दिया जिसने रिलायंस पावर के 3250 मेगावाट के प्लांट के लिए 2500 एकड़ जमीन देने के समझौते पर हस्ताक्षर कर दिए।

❑

अदालत के फैसले का अनुपालन

आम धारणा यह है कि क़िसी व्यक्ति के मुकदमा जीत जाने पर उसकी तकलीफें समाप्त हो जाती हैं लेकिन वास्तव में ऐसा नहीं होता है।

दरअसल मुकदमे का फैसला हक में आ जाने के बावजूद उसके अमल के लिए दीवानी अदालत के चक्कर लगने का दौर शुरू हो जाता है जो थका देता है। अनिच्छुक देनदार या अन्य विपक्षी पक्षकार से फैसले का अनुपालन कराने के लिए अदालत के आदेश को लागू कराने में लंबी प्रक्रिया से गुजरना होता है।

यह जटिल प्रक्रिया दीवानी प्रक्रिया संहिता के आर्डर-2 के तहत की जाती है। यह ऐसा प्रावधान है जिसमें सौ से ज्यादा सामान्य नियम हैं और संशोधन की बाबत राज्यों के लिए अतिरिक्त खुराक का भी इंतजाम है। मुकदमेबाज को ये सभी धाराओं व उपधाराओं में उलझा देते हैं।

उदाहरण के तौर पर, पश्चिम बंगाल संशोधन में क्रियान्वयन के लिए केन्द्रीय नियमों के अतिरिक्त 580 से ज्यादा प्रावधान हैं। नियम 150 के मुताबिक जब विवादित पशुधन कुर्की के अंतर्गत हो तो उन्हें रखने का रोजाना का शुल्क होगा: बकरी व सुअर 2 से 4 आने, गधा- 3 से 5 आने, मुर्गा-मुर्गी के लिए प्रति छह के हिसाब से 2 से 3 आने।

ये इस तरह के नियम हैं जो क्रियान्वयन की प्रक्रिया को मुख्य मामले से ज्यादा लंबा खींच देते हैं। टी सुब्बा रेड्डी बनाम पुजारी पद्माकम्मा के मामले में उच्चतम न्यायालय ने 1949 में आदेश पारित किया और क्रियान्वयन प्रक्रिंया के बारे में उच्चतम न्यायालय का फैसला 1977 में आया।

इस मोड़ पर कहानी समाप्त नहीं हुई बल्कि अदालत ने विवादित तथ्यों की जाँच के लिए लागू कराने वाली अदालत (एक्जीक्यूटिंग कोर्ट) को सौंप दिया। कुछ ही मामलों में उच्चतम न्यायालय प्रक्रिया में कतरब्योंत करता है।

भारतीय संविधान के अनुच्छेद 142 के तहत मिली असाधारण शक्तियों के तहत पूर्ण न्याय देने के लिए न्यायालय ऐसा करता है।

पिछले दिनों न्यायालय ने दो मामलों में ऐसा ही किया: न्यू इंडिया इंश्योरेंस बनाम कुसुम और यूनाइटेड इंडिया इंश्योरेंस बनाम दर्शन सिंह। दोनों ही मामले वाहन दुर्घटना से संबंधित थे जिनमें वाहन के इस्तिमाल की बाबत ड्राइवर के पास लाइसेंस नहीं था। दुर्घटना दावा प्राधिकरण ने पाया कि वाहन के मालिक व ड्राइवर पीड़ित के आश्रितों को मुआवजा देने के लिए जिम्मेदार होंगे।

ड्राइवर और मालिक से उम्मीद नहीं की जा सकती कि क्षतिपूर्ति के तहत वे तत्काल लाखों रुपए दे दें। न ही पीड़ित की विधवा व बच्चों से अपेक्षा की जाती है कि वे रकम पाने तक उस पक्षकार के चक्कर काटते रहें। ऐसी परिस्थिति में न्यायाधिकरण सामान्यत: बीमा कंपनी से आश्रितों को तत्काल भुगतान करने का कहता है।

बीमा करने वाला कानून यह रकम भुगतान करने के लिए जिम्मेदार नहीं है, क्योंकि बिना वैध लाइसेंस के वाहन चलाने के मामले में उसे इस जिम्मेदारी से छूट मिल जाती है। हालांकि न्याय व मानवता के हित में न्यायधिकरण बीमा करने वाले से आश्रितों को क्षतिपूर्ति करने को कहता है और बाद में दोषी ड्राइवर व मालिक से यह रकम वसूलने को कहता है।

यहाँ कुछ कठिनाई है। जब बीमा करने वाला ड्राइवर मालिक से भरपाई करने को कहता है तो वे किताब दिखाते हुए तर्क देते हैं कि न्यायाधिकरण के आदेश को क्रियान्वित कराने के लिए उन्हें दीवानी अदालत जाना चाहिए। वर्तमान मामले में लागू कराने वाली अदालत और संबंधित उच्च न्यायालय उनके विवाद को वैध ठहराते हैं।

सामान्य दीवानी मामले में दस्तावेज के जरिए सबूत मुहैया कराना सीमित है। दिल्ली उच्च न्यायालय ने पाया कि इस तर्क पर वाहन मालिक अपनी जिम्मेदारी पर विवाद खड़ा कर सकता है कि ड्राइवर के पास वैध लाइसेंस की मौजूदगी के लिए उन्होंने पर्याप्त कदम उठाए थे और उनके पास यह जानने का कोई जरिया नहीं था कि वह लाइसेंस फर्जी था। इसके बाद पीड़ित की विधवा व बच्चों को आधी जिंदगी तक मुकदमेबाजी के एक और दौर की दरकार होगी।

शुक्र है कि उच्चतम न्यायालय ने अब घोषित किया है कि आदेश को लागू करवाने के लिए लंबे व खर्चीले रास्ते को बढ़ावा नहीं देना चाहिए।

न्यायालय ने नेशनल इंश्योरेंस बनाम बलजीत कुमार (2004) के मामले का उद्धरण देते हुए कहा कि रिकवरी के लिए बीमा करने वाले द्वारा अलग से याचिका दाखिल करने की दरकार नहीं होनी चाहिए।

ओरियंटल इंश्योरेंस कंपनी बनाम ननजुप्पा के मामले में इसे दोहराया गया था। न्यायालय ने अनुच्छेद 142 की असाधारण शक्तियों का इस्तिमाल किया था और बीमा करने वाले से आश्रितों को भुगतान करने का कहा था क्योंकि वे समाज के निचले वर्ग के थे।

अदालत ने कहा था कि इसके बाद यह रकम मालिक से वसूली जाए। हालांकि मोटर वाहन अधिनियम के तहत इन मामलों के जरिए नई राह सामने आई है, पर संपत्ति विवाद व अन्य दीवानी मामलों में क्रियान्वयन की प्रक्रिया मुकदमा जीतने वालों को नुकसान पहुँचाना जारी रखे हुए है। ज्यादातर लोग मुकदमेबाजी के दूसरे दौर की जरूरत नहीं समझते, लेकिन वे इसका अंदाजा नहीं लगा पाते कि क्रियान्वयन के आदेश के बिना किसी ओदश को कैसे लागू करवाया जा सकता है।

❑

सूचना का अधिकार

सूचना का अधिकार प्रत्येक नागरिक का एक विधिक अधिकार है। व्यावहारिक शासन पद्धति करने हेतु इस अधिकार का महत्त्वपूर्ण उपयोग है। शासन एवं लोक प्राधिकारियों के कार्यालयीन कार्य में पारदर्शिता एवं नागरिक को आवश्यक न्यायालयीन एवं कार्यालयीन जानकारी उपलब्ध कराने हेतु अधिकार का उपयोग किया जा सकता है।

भारत गणराज्य के 56 वर्ष में संसद द्वारा सूचना का अधिकार अधिनियम, 2005 दिनांक 15.06.2005 को पारित हुआ तथा दिनांक 21.06.2005 को प्रभावी हुआ। इस अधिनियम की धारा 2(त्र) के अनुसार, सूचना के अधिकार से इस अधिनियम के अधीन पहुँचने योग्य सूचना का जो किसी लोक प्राधिकारी द्वारा या उसके नियंत्रणाधीन पारित है, अधिकार अभिप्रेत है और जिसमें निम्न अधिकार सम्मिलित हैं-

1. कृति दस्तावेजों अभिलेखों का निरीक्षण।
2. दस्तावेजों या अभिलेखों की टिप्पणी या प्रमाणित प्रतिलिपि लेना।
3. सामग्री के प्रमाणित नमूने लेना।
4. डिस्केट, फ्लॉपी, टेप, वीडियो कैसेट के रूप में या किसी अन्य इलैक्ट्रॉनिक रीति में या प्रिंट आउट के माध्यम से सूचना को जहाँ ऐसी सूचना किसी कंप्यूटर या किसी अन्य रीति में भंडारित की जाती है, अभिप्राप्त करना।

अधिनियम की धारा 6 के अंतर्गत लोक सूचना अधिकारी को विहित सूचना हेतु आवेदन कर सकते हैं। सूचना प्राप्त करने के लिए अनुरोध है कि दस रुपए नगद शुल्क अथवा विभागीय प्राप्ति के मुख्य शीर्ष 0070 उपमुख्य शीर्ष 800 अन्य प्राप्तियों में चालान द्वारा जो लोक प्राधिकारी के नाम देय हो अथवा मांग देय ड्राफ्ट या बैंक चेक के रूप में देय हो, के द्वारा जमा

करना होगा। जिसका निपटारा 30 दिनों के भीतर ऐसी फीस के संदाय पर जो विहित की जाए, किया जाएगा। सूचना विहित फीस का संदाय कर इलैक्ट्रॉनिक प्रारूप में भी प्राप्त की जा सकती है।

सूचना जिसके प्रकरण से भारत की प्रभुता और अखंडता, राज्य की सुरक्षा रणनीति, वैज्ञानिक या आर्थिक हित, विदेश से संबंध पर प्रतिकूल प्रभाव हो, न्यायालय की अवमानना हो, संसद या किसी राज्य के विधानमंडल का विशेषाधिकार भंग हो, किसी व्यक्ति को उसकी वैश्वासिक नातेदारी में उपलब्ध सूचना, जिसके प्रकट करने से किसी व्यक्ति के जीवन या शारीरिक सुरक्षा के लिए या सूचना के संसाधन की पहचान करने में या विश्वास में दी गई सहायता या सुरक्षा प्रयोजनों के लिए खतरा होगा। सूचना जिसके प्रकट करने से अन्वेषण या अपराधियों के गिरफ्तार करने या अभियोजन की क्रिया में अड़चन पड़ेगी। सूचना जिसमें वाणिज्यिक विश्वास, व्यापार गोपनीयता या बौद्धिक संपदा शामिल है, जिसके प्रकरण से किसी तीसरे पक्षकार की प्रतियोगी स्थिति को नुकसान होता है- ऐसी सूचनाएं उपलब्ध नहीं की जाएंगी।

सूचना अधिकारी के विनिश्चय से व्यथित 30 दिन के भीतर ज्येष्ठ पंक्ति के सूचना अधिकारी को अपील कर सकता है। अधिनियम की धारा 2 में केंद्रीय सूचना आयोग के गठन का उपबंध है जिसमें मुख्य सूचना आयुक्त सहित दस से अधिक केंद्रीय उपायुक्त हैं।

धारा 15 के अंतर्गत राज्य सूचना आयोग के गठन का उपबंध है। इसमें राज्य मुख्य सूचना आयुक्त सहित दस से अधिक राज्य सूचना आयुक्त होंगे। सूचना आयोग का मुख्य कार्य शिकायतों का निराकरण और जाँच करना है। सूचना आयोग में 90 दिन के भीतर अपील प्रस्तुत कर सकते हैं। आयोग का विनिश्चय आबद्धकर होता है।

❒

सूचना का अधिकार कानून
(संपूर्ण पाठ)

अनुभाग 1(क) भारत का राजपत्र

सूचना का अधिकार अधिनियम, 2005
(2005 का अधिनियम संख्यांक 22)

(15 जून, 2005)

प्रत्येक लोक प्राधिकारी के कार्यकरण में पारदर्शिता और उत्तरदायित्व के संवर्धन के लिए,
लोक प्राधिकारियों के नियंत्राणाधीन सूचना तक पहुँच सुनिश्चित करने
के लिए नागरिकों के सूचना के अधिकार की व्यावहारिक शासन पद्धति स्थापित करने, एक केन्द्रीय सूचना आयोग तथा राज्य सूचना आयोग का गठन करने और उनसे संबंधित या उनसे आनुषंगिक विषयों का उपबंध करने के लिए

अधिनियम

भारत के संविधान ने लोकतांत्रिक गणराज्य की स्थाना की है;

और लोकतंत्र शिक्षित नागरिक वर्ग तथा ऐसी सूचना की पारदर्शिता की अपेक्षा करता है, जो उसके कार्यकरण तथा भ्रष्टाचार को रोकने के लिए भी और सरकारों तथा उनके परिकरणों को शासन के प्रति उत्तरदायी बनाने के लिए अनिवार्य है; और वास्तविक व्यवहार में सूचना के प्रकटन से संभवत:

अन्य लोकहितों, जिनके अंतर्गत सरकारों के दक्ष प्रचालन, सीमित राज्य वित्तीय संसाधनों के अधिकतम उपयोग और संवेदनशील सूचना की गोपनीयता को बनाए रखना भी है, के साथ विरोध हो सकता है; और लोकतांत्रिक आदर्श की प्रभुता को बनाए रखते हुए इन विरोधी हितों के बीच सामंजस्य बनाना आवश्यक है;

अतः अब यह समीचीन है कि ऐसे नागरिकों को, कतिपय सूचना देने के लिए जो उसे पाने के इच्छुक हैं, उपबंध किया जाए; भारत गणराज्य के छप्पनवें वर्ष में संसद द्वारा निम्नलिखित रूप में यह अधिनियमित हो:-

प्रारम्भिक

1. (क) इस अधिनियम का संक्षिप्त नाम, सूचना का विस्तार और प्रारंभ अधिकार अधिनियम 2005 है। संक्षिप्त नाम

(ख) इसका विस्तार जम्मू-कश्मीर राज्य के सिवाय सम्पूर्ण भारत पर है।

(ग) धारा 4 की उपधारा (1) धारा 5 की उपधारा (1) और उपधारा (2) धारा 12 धारा 13 धारा 15, धारा 16, धारा 24, धारा 27 और धारा 28 के उपबंध तुरंत प्रभावी होंगे और इस अधिनियम के शेष उपबंध इसके अधिनियमन के एक सौ बीसवें दिन को प्रवृत्त होंगे।

2. इस अधिनियम में ,जब तक कि संदर्भ से अन्यथा अपेक्षित न हो, –

(क) ''समुचित सरकार'' से किसी ऐसे लोक प्राधिकरण के संबंध में जो –

(i) केन्द्रीय सरकार या संघ राज्यक्षेत्र द्वारा स्थापित, गठित, उसके स्वामित्वाधीन, नियंत्रणाधीन या उसके द्वारा प्रत्यक्ष रूप से या अप्रत्यक्ष रूप से उपलब्ध कराई गई निधियों द्वारा पूर्णतया वित्तपोषित किया जाता है, केन्द्रीय सरकार अभिप्रेत है;

(ii) राज्य सरकार द्वारा स्थापित, गठित उसके स्वामित्वाधीन, नियंत्रणाधीन या उसके द्वारा या अप्रत्यक्ष रूप से उपलब्ध कराई गई निधियों द्वारा पूर्णतया वित्तपोषित किया जाता है, राज्य सरकार अभिप्रेत है;

(ख) ''केन्द्रीय सूचना आयोग'' से धारा 12 की उपधारा (1) के अधीन गठित केन्द्रीय सूचना आयोग अभिप्रेत है;

(ग) ''केन्द्रीय लोक सूचना अधिकारी'' से उपधारा (1) के अधीन पदाभिहित केन्द्रीय लोक सूचना अधिकारी अभिप्रेत है और इसके अंतर्गत धारा 5 की उपधारा (2) के अधीन इस प्रकार पदाभिहित कोई केन्द्रीय सहायक लोक सूचना अधिकारी भी है;

(घ)''मुख्य सूचना आयुक्त'' और ''सूचना आयुक्त'' से धारा 12 की उपधारा (3) के अधीन नियुक्त मुख्य सूचना आयुक्त और सूचना आयुक्त अभिप्रेत है;

(ड.) ''सक्षम प्राधिकारी'' से अभिप्रेत है–

(i) लोक सभा या किसी राज्य की विधान सभा की या किसी ऐसे संघ राज्यक्षेत्र की, जिसमें ऐसी सभा है, दशा में अध्यक्ष और राज्य सभा या किसी राज्य की विधान परिषद की दशा में सभापति;

(ii) उच्चतम न्यायालय की दशा में भारत का मुख्य न्यायमूर्ति;

(iii) किसी उच्च न्यायालय की दशा में उच्च न्यायालय का मुख्य न्यायमूर्ति;

(iv) संविधान द्वारा या उसके अधीन स्थापित या गठित अन्य प्राधिकरणों की दशा में, यथास्थिति, राष्ट्रपति या राज्यपाल;

(v) संविधान के अनुच्छेद 239 के अधीन नियुक्त प्रशासक;

(च) ''सूचना'' से किसी इलैक्ट्रॉनिक रूप में धारित अभिलेख, दस्तावेज, ज्ञापन, ई–मेल मत, सलाह, प्रेस विज्ञप्ति, परिपत्र, आदेश, लागबुक, संविदा, रिपोर्ट, कागजपत्र, नमूने, मॉडल, आंकड़ों संबंधी सामग्री और किसी प्राइवेट निकाय से संबंधित ऐसी सूचना सहित, जिस तक तत्समय प्रवृत्त किसी अन्य विधि के अधीन किसी लोक प्राधिकारी की पहुँच हो सकती है, किसी रूप में कोई सामग्री, अभिप्रेत है;

(छ) ''विहित'' से, यथास्थिति, समुचित सरकार या सक्षम प्राधिकारी द्वारा अधिनियम के अधीन बनाए गए नियमों द्वारा विहित अभिप्रेत है;

(ज) ''लोक प्राधिकारी'' से, –

(क) संविधान द्वारा या उसके अधीन;

(ख) संसद द्वारा बनाई गई किसी अन्य विधि द्वारा;

(ग) राज्य विधान-मंडल द्वारा बनाई गई किसी अन्य विधि द्वारा;

(घ) समुचित सरकार द्वारा जारी की गई अधिसूचना या किए गए आदेश द्वारा स्थापित या गठित कोई प्राधिकारी या निकाय या स्वायत्त सरकारी संस्था अभिप्रेत है

और इसके अन्तर्गत, -

(i) कोई ऐसा निकाय है जो केन्द्रीय सरकार के स्वामित्वाधीन, नियंत्रणाधीन या उसके द्वारा प्रत्यक्ष या अप्रत्यक्ष रूप से उपलब्ध कराई गई निधियों द्वारा वित्तपोषित है;

(ii) कोई ऐसा गैर-सरकारी संगठन है जो समुचित सरकार द्वारा प्रत्यक्ष या अप्रत्यक्ष रूप से उपलब्ध कराई गई निधियों द्वारा वित्तपोषित है।

(झ) "अभिलेख" में निम्नलिखित सम्मिलित हैं –

(क) कोई दस्तावेज, पाण्डुलिपि और फाइल;

(ख) किसी दस्तावेज की कोई माइक्रोफिल्म, माइक्रोफिशे और प्रतिकृति प्रति;

(ग) ऐसी माइक्रोफिल्म में सन्निविष्ट प्रतिबिम्ब या प्रतिबिम्बों का पुनरुत्पादन (चाहे वर्धित रूप में हो या न हो); और

(घ) किसी कम्प्यूटर द्वारा या किसी अन्य युक्ति द्वारा उत्पादित कोई अन्य सामग्री;

(ञ) "सूचना का अधिकार" से इस अधिनियम के अधीन पहुंच योग्य सूचना का, जो किसी लोक प्राधिकारी द्वारा या उसके नियंत्रणाधीन धारित है, अधिकार अभिप्रेत है और जिसमें निम्नलिखित का अधिकार सम्मिलित है –

(i) कृति, दस्तावेजों, अभिलेखों का निरीक्षण;

(ii) दस्तावेजों या अभिलेखों की टिप्पणी, उद्धरण या प्रमाणित प्रतिलिपि लेना;

(iii) सामग्री के प्रमाणित नमूने लेना;

(iv) डिस्केट, फ्लॉपी, टेप, वीडियो कैसेट के रूप या किसी

अन्य इलैक्ट्रॉनिक रीति में या प्रिंट आउट के माध्यम से सूचना को, जहाँ से ऐसी सूचना किसी कम्प्यूटर या किसी अन्य युक्ति में भण्डारित है, अभिप्राप्त करना;

(ट) "राज्य सूचना आयोग" से धारा 15 की उपधारा (1) के अधीन गठित राज्य सूचना आयोग अभिप्रेत है:

(ठ) "राज्य मुख्य सूचना आयुक्त" और "राज्य सूचना आयुक्त" से धारा 15 की उपधारा (3) के अधीन नियुक्त राज्य मुख्य सूचना आयुक्त और राज्य सूचना आयुक्त अभिप्रेत है;

(ड) "राज्य लोक सूचना अधिकारी" से उपधारा (1) के अधीन पदाभिहित राज्य लोक सूचना अधिकारी अभिप्रेत है और इसके अंतर्गत धारा 5 की उपधारा (2) के अधीन उस रूप में पदाभिहित राज्य सहायक लोक सूचना अधिकारी भी है;

(ढ) "पर व्यक्ति" से सूचना के लिए अनुरोध करने वाले नागरिक से भिन्न कोई व्यक्ति अभिप्रेत है, और इसके अंतर्गत कोई लोक प्राधिकारी भी है।

सूचना का अधिकार और लोक प्राधिकारियों की बाध्यताएं

सूचना का अधिकार

3. इस अधिनियम के उपबन्धों के अधीन रहते हुए, सभी अधिकार नागरिकों को सूचना का अधिकार होगा।

लोक प्राधिकारियों की बाध्यता

4. (1) प्रत्येक लोक प्राधिकारी –

(क) अपने सभी अभिलेखों को सम्यक रूप से सूचीपत्रित और अनुक्रमणिकाबद्ध ऐसी रीति और रूप में रखेगा, जो इस अधिनियम के अधीन सूचना के अधिकार को सुकर बनाता है और सुनिश्चित करेगा कि ऐसे सभी अभिलेख जो कंप्यूटरीकृत किए जाने के लिए समुचित हैं, युक्तियुक्त समय के भीतर और संसाधनों की उपलभ्यता के अधीन रहते हुए, कंप्यूटरीकृत और विभिन्न प्रणालियों पर संपूर्ण देश में नेटवर्क के माध्यम से संबद्ध हैं जिससे कि ऐसे अभिलेख तक पहुंच को सुकर बनाया जा सके ;

(ख) इस अधिनियम के अधिनियमन से एक सौ बीस दिन के भीतर –

(i) अपने संगठन की विशिष्टियां, कृत्य और कर्तव्य;

(ii) अपने अधिकारियों और कर्मचारियों की शक्तियों और कर्तव्य;

(iii) विनिश्चय करने की प्रक्रिया में पालन की जाने वाली प्रक्रिया जिसमें पर्यवेक्षण और उत्तरदायित्व के माध्यम सम्मिलित हैं;

(iv) अपने कृत्यों के निर्वहन के लिए स्वयं द्वारा स्थापित मापमान;

(v) अपने द्वारा या अपने नियंत्रणाधीन धारित या अपने कर्मचारियों द्वारा अपने कृत्यों के निर्वहन के लिए प्रयोग किए गए नियम; विनिमय, अनुदेश, निर्देशिका और अभिलेख;

(vi) ऐसे दस्तावेज के, जो उसके द्वारा धारित या उसके नियंत्रणाधीन हैं, प्रवर्गों का विवरण;

(vii) किसी व्यवस्था की विशिष्टियां, जो उसकी नीति की संरचना या उसके कार्यान्वयन के संबंध में जनता के सदस्यों से परामर्श के लिए या उनके द्वारा अभ्यावेदन के लिए विद्यमान हैं;

(viii) ऐसे बोर्डों, परिषदों, समितियों और अन्य निकायों के, जिनमें दो या अधिक व्यक्ति हैं, जिनका उसके भागरूप में या इस बारे में सलाह देने के प्रयोजन के लिए गठन किया गया है और इस बारे में कि क्या उन बोर्डों, परिषदों, समितियों और अन्य निकायों की बैठकें जनता के लिए खुली होंगी या ऐसी बैठकों के कार्यवृत्त तक जनता की पहुँच होगी, विवरण;

(ix) अपने अधिकारियों और कर्मचारियों की निर्देशिका ;

(x) अपने प्रत्येक अधिकारी और कर्मचारी द्वारा प्राप्त मासिक पारिश्रामिक, जिसके अन्तर्गत प्रतिकर की प्रणाली भी है, जो उसके विनियमों में यथाउपबंधित हो;

(xi) सभी योजनाओं, प्रस्तावित व्ययों और किए गए संवितरणों पर रिपोर्टों की विशिष्टियां उपदर्शित करते हुए अपने प्रत्येक अभिकरण को आबंटित बजट ;

(xii) सहायिकी कार्यक्रमों के निष्पादन की रीति जिसमें आबंटित राशि और ऐसे कार्यक्रमों के फायदाग्राहियों के ब्यौरे सम्मिलित हैं;

(xiii) अपने द्वारा अनुदत्त रियायतों, अनुज्ञापत्रों या प्राधिकारों के प्राप्तिकर्ताओं की विशिष्टियां;

(xiv) किसी इलैक्ट्रॉनिक रूप में सूचना के संबंध में ब्यौरे जो उसको उपलब्ध हों या उसके द्वारा धारित हों;

(xv) सूचना अभिप्राप्त करने के लिए नागरिकों को उपलब्ध सुविधाओं की विशिष्टियां, जिनमें किसी पुस्तकालय या वाचन कक्ष के, यदि लोक उपयोग के लिए अनुरक्षित हैं तो, कार्यकरण घंटे सम्मिलित हैं ;

(xvi) लोक सूचना अधिकारियों के नाम, पदनाम और अन्य विशिष्टियां;

(xvii) ऐसी अन्य सूचना, जो विहित की जाए, प्रकाशित करेगा और तत्पश्चात् इन प्रकाशनों का प्रत्येक वर्ष में अद्यतन करेगा;

(ग) महत्त्वपूर्ण नीतियों की विरचना करते समय या ऐसे विनिश्चयों की घोषणा करते समय, जो जनता को प्रभावित करते हों, सभी सुसंगत तथ्यों को प्रकाशित करेगा;

(घ) प्रभावित व्यक्तियों को अपने प्रशासनिक या न्यायिककल्प विनिश्चयों के लिए कारण उपलब्ध कराएगा;

(2) प्रत्येक लोक अधिकारी का निरंतर यह प्रयास होगा कि वह उपधारा (1) के खंड (ख) की अपेक्षाओं के अनुसार स्वप्रेरणा से, जनता को नियमित अन्तरालों पर संसूचना के विभिन्न साधनों के माध्यम से, जिनके अन्तर्गत इंटरनेट भी है, इतनी अधिक सूचना उपलब्ध कराने के लिए उपाय करे जिससे कि जनता को सूचना प्राप्त करने के लिए इस अधिनियम का कम से कम अवलंब लेना पड़े।

(3) उपधारा (1) के प्रयोजन के लिए, प्रत्येक सूचना को विस्तृत रूप से और ऐसे प्रारूप और रीति में प्रसारित किया जाएगा, जो जनता के लिए सहज रूप से पहुँच योग्य हो।

(4) सभी सामग्री को, लागत प्रभावशीलता, स्थानीय भाषा और उस क्षेत्र में संसूचना की अत्यंत प्रभावी पद्धति को ध्यान में रखते हुए प्रसारित किया जाएगा तथा सूचना, यथास्थिति केन्द्रीय लोक सूचना अधिकारी या राज्य सूचना अधिकारी के पास इलैक्ट्रॉनिक रूप में संभव सीमा तक निःशुल्क या माध्यम की ऐसी लागत पर या ऐसी मुद्रण लागत कीमत पर जो विहित की जाए, सहज रूप से पहुंच योग्य होनी चाहिए।

स्पष्टीकरण – उपधारा (3) और उपधारा (4) के प्रयोजनों के लिए ''प्रसारित'' से सचूना पट्टों, समाचार पत्रों, लोक उद्घोषणाओं, मीडिया प्रसारणों, इंटरनेट या किसी अन्य माध्यम से, जिसमें किसी लोक प्राधिकारी के कार्यालयों का निरीक्षण है, जनता को सूचना की जानकारी देना या संसूचित कराना अभिप्रेत है।

लोक सूचना अधिकारियों का पदनाम

5.(1) प्रत्येक लोक प्राधिकारी, इस अधिनियम के अधिनियमन के सौ दिन के भीतर सभी प्रशासनिक एककों या उसके अधीन कार्यालयों में, यथास्थिति, केन्द्रीय लोक सूचना अधिकारियों या राज्य सूचना अधिकारियों के रूप में उतने अधिकारियों को अभिहित करेगा, जितने इस अधिनियम के अधीन सूचना के लिए अनुरोध करने वाले व्यक्तियों को सूचना प्रदान करने के लिए आवश्यक हों।

(2) उपधारा (1) के उपबंधों पर प्रतिकूल प्रभाव डाले बिना, प्रत्येक लोक प्राधिकारी, इस अधिनियम के अधिनियमन के सौ दिन के भीतर किसी अधिकारी को प्रत्येक उपमंडल स्तर या अन्य उप जिला स्तर पर यथास्थिति, केंद्रीय सहायता लोक सूचना अधिकारी या किसी राज्य सहायक लोक सूचना अधिकारी के रूप में इस अधिनियम के अधीन सूचना के लिए आवेदन या अपील प्राप्त करने और उसे तत्काल, यथास्थिति, केंद्रीय लोक सूचना अधिकारी या राज्य लोक सूचना अधिकारी या धारा 19 की उपधारा (1) के अधीन विनिर्दिष्ट वरिष्ठ अधिकारी या केंद्रीय सूचना आयोग अथवा राज्य सूचना आयोग को भेजने के लिए पदाभिहित करेगा :

परंतु यह कि जहां सूचना या अपील के लिए कोई आवेदन यथास्थिति, किसी केंद्रीय सहायक लोक सूचना अधिकारी या किसी राज्य सहायक लोक सूचना अधिकारी को दिया जाता है, वहां धारा 7 की उपधारा (1) के अधीन विनिर्दिष्ट उत्तर के लिए अवधि की संगणना करने में पांच दिन की अवधि जोड़ दी जाएगी।

(3) यथास्थिति, प्रत्येक, केंद्रीय लोक सूचना अधिकारी या राज्य लोक सूचना अधिकारी, सूचना की मांग करने वाले व्यक्तियों के अनुरोधों पर कार्रवाई करेगा और ऐसी सूचना की मांग करने वाले व्यक्तियों को युक्तियुक्त सहायता प्रदान करेगा।

(4) यथास्थिति, केन्द्रीय लोक सूचना अधिकारी, ऐसे किसी अन्य अधिकारी की सहायता की मांग कर सकेगा, जिसे वह अपने कृत्यों के समुचित निर्वहन के लिए आवश्यक समझे।

(5) कोई अधिकारी, जिसकी उपधारा (4) के अधीन सहायता चाही गई है, उसकी सहायता चाहने वाले यथास्थिति, केन्द्रीय लोक सूचना अधिकारी या राज्य लोक सूचना अधिकारी को सभी सहायता प्रदान करेगा और इस अधिनियम के उपबंधों के किसी उल्लंघन के प्रयोजनों के लिए ऐसे अन्य अधिकारी को, यथास्थिति, केन्द्रीय लोक सूचना अधिकारी या राज्य लोक सूचना अधिकारी समझा जाएगा।

सूचना अभिप्राप्ति करने के लिए अनुरोध

6. (1) कोई व्यक्ति, जो इस अधिनियम के अधीन कोई सूचना अभिप्राप्त करना चाहता है, लिखित में या इलैक्ट्रॉनिक युक्ति के माध्यम से अंग्रेजी या हिन्दी में या उस क्षेत्र की जिससे आवेदन किया जा रहा है, राजभाषा में ऐसी फीस के साथ, जो विहित की जाए –

(क) संबंधित लोक प्राधिकरण के यथास्थिति, केन्द्रीय लोक सूचना अधिकारी या राज्य लोक सूचना अधिकारी;

(ख) यथास्थिति, केन्द्रीय सहायक लोक सूचना अधिकारी या राज्य सहायक लोक सूचना अधिकारी,

को, उसके द्वारा मांगी गई सूचना की विशिष्टियां विनिर्दिष्ट करते हुए अनुरोध करेगा

परंतु जहां ऐसा अनुरोध लिखित में नहीं किया जा सकता है, वहां, यथास्थिति, केन्द्रीय लोक सूचना अधिकारी या राज्य लोक सूचना अधिकारी

अनुरोध करने वाले व्यक्ति को सभी युक्तियुक्त सहायता मौखिक रूप से देगा, जिससे कि उसे लेखबद्ध किया जा सके।

(2) सूचना के लिए अनुरोध करने वाले आवेदक से सूचना का अनुरोध करने के लिए किसी कारण की या किसी अन्य व्यक्तिगत ब्यौरे को, सिवाय उसके जो उससे संपर्क करने के लिए आवश्यक हों, देने की अपेक्षा नहीं की जाएगी।

(3) जहां, कोई आवेदन किसी लोक प्राधिकारी को किसी ऐसी सूचना के लिए अनुरोध करते हुए किया जाता है, –

(i) जो किसी अन्य लोक प्राधिकारी द्वारा धारित है; या

(ii) जिसकी विषय-वस्तु किसी अन्य लोक प्राधिकारी के कृत्यों से अधिक निकट रूप से संबंधित है,

वहां, वह लोक प्राधिकारी, जिसको ऐसा आवेदन किया जाता है, ऐसे आवेदन या उसके ऐसे भाग को, जो समुचित हो, उस अन्य लोक प्राधिकारी को अंतरित करेगा और ऐसे अंतरण के बारे में आवेदन को तुरंत सूचना देगा:

परंतु यह कि इस उपधारा के अनुसरण में किसी आवेदन का अंतरण यथासाध्य शीघ्रता से किया जाएगा, किंतु किसी भी दशा में आवेदन की प्राप्ति की तारीख से पांच दिनों के पश्चात् नहीं किया जाएगा।

अनुरोध का निपटान।

7. (1) धारा 5 की उपधारा (2) के परंतुक या धारा 6 की उपधारा (3) के परंतुक के अधीन रहते हुए, धारा 6 के अधीन अनुरोध के प्राप्त होने पर यथास्थिति, केन्द्रीय लोक सूचना अधिकारी या राज्य लोक सूचना अधिकारी, यथासंभव शीघ्रता से, और किसी भी दशा में अनुरोध की प्राप्ति के तीस दिन के भीतर ऐसी फीस के संदाय पर जो विहित की जाए, या तो सूचना उपलब्ध कराएगा या धारा 8 और 9 धारा में विनिर्दिष्ट कारणों में से किसी कारण से अनुरोध को अस्वीकार करेगा :

परंतु जहां मांगी गई जानकारी का संबंध किसी व्यक्ति के जीवन या स्वतंत्रता से है, वहां वह अनुरोध प्राप्त होने के अड़तालीस घंटे के भीतर उपलब्ध कराई जाएगी।

(2) यदि, यथास्थिति, केन्द्रीय लोक सूचना अधिकारी या राज्य लोक सूचना अधिकारी उपधारा (1) के अधीन विनिर्दिष्ट अवधि के भीतर सूचना के लिए अनुरोध पर विनिश्चय करने में असफल रहता है तो, यथास्थिति,

केन्द्रीय लोक सूचना अधिकारी या राज्य लोक सूचना अधिकारी के बारे में यह समझा जाएगा कि उसने अनुरोध को नामंजूर कर दिया है।

(3) जहां, सूचना उपलब्ध कराने की लागत के रूप में किसी और फीस के संदाय पर सूचना उपलब्ध कराने का विनिश्चय किया जाता है, वहां यथास्थिति, केन्द्रीय लोक सूचना अधिकारी या राज्य लोक सूचना अधिकारी अनुरोध करने वाले व्यक्ति को -

(क) उसके द्वारा यथाअवधारित सूचना उपलब्ध कराने की लागत के रूप में और फीस के ब्यौरे, जिनके साथ उपधारा (1) के अधीन विहित फीस के अनुसार रकम निकालने के लिए की गई संगणनाएं होंगी, देते हुए उससे उस फीस को जमा करने का अनुरोध करते हुए कोई संसूचना भेजेगा और उक्त संसूचना के प्रेषण और फीस के संदाय के बीच मध्यवर्ती अवधि को उस धारा में निर्दिष्ट तीस दिन की अवधि की संगणना करने के प्रयोजन के लिए अपवर्जित किया जाएगा;

(ख) प्रसारित फीस की रकम या उपलब्ध कराई गई पहुंच के प्रारूप के बारे में, जिसके अंतर्गत अपील प्राधिकारी की विशिष्टियां समय-सीमा प्रक्रिया और कोई अन्य प्रारूप भी हैं, विनिश्चय करने का पुनर्विलोकन करने के संबंध में उसके अधिकार से संबंधित सूचना देते हुए कोई संसूचना भेजेगा।

(4) जहां, इस अधिनियम के अधीन अभिलेख या उसके किसी भाग तक पहुंच अपेक्षित है और ऐसा व्यक्ति, जिसको पहुंच उपलब्ध कराई जानी है, संवेदनात्मक रूप से निःशक्त हैं, वहां यथास्थिति, केन्द्रीय लोक सूचना अधिकारी या राज्य लोक सूचना अधिकारी सूचना तक पहुंच को समर्थ बनाने के लिए सहायता उपलब्ध कराएगा जिसमें निरीक्षण के लिए ऐसी सहायता कराना भी सम्मिलित है जो समुचित हो।

(5) जहां, सूचना तक पहुंच मुद्रित या किसी इलैक्ट्रॉनिक रूपविधान में उपलब्ध कराई जानी है, वहां आवेदक, उपधारा (6) के अधीन रहते हुए, ऐसी फीस प्रसारित नहीं की जाएगी।

परंतु धारा 6 की उपधारा (1) और धारा 7 की उपधारा (1) और उपधारा (5) के अधीन विहित फीस युक्तियुक्त होगी और ऐसे व्यक्तियों से, जो गरीबी की रेखा के नीचे हैं, जैसा समुचित सरकार द्वारा अवधारित किया जाए, कोई फीस का संदाय करेगा, जैसा समुचित सरकार द्वारा अवध ारित किया जाए, कोई फीस प्रभारित नहीं की जाएगी।

(6) उपधारा (5) में किसी बात के होते हुए भी, जहां कोई लोक प्राधिकारी उपधारा (1) में विनिर्दिष्ट समय-सीमा का अनुपालन करने में असफल रहता है, वहां सूचना के लिए अनुरोध करने वाले व्यक्ति को प्रभार के बिना सूचना उपलब्ध कराई जाएगी।

(7) उपधारा (1) के अधीन कोई विनिश्चय करने से पूर्व, यथास्थिति, केन्द्रीय लोक सूचना अधिकारी या राज्य लोक सूचना अधिकारी धारा 11 के अधीन पर व्यक्ति द्वारा किए गए अभ्यावेदन को ध्यान में रखेगा।

(8) जहां, किसी अनुरोध को उपधारा (1) के अधीन अस्वीकृत किया गया है, वहां यथास्थिति, केन्द्रीय लोकसूचना अधिकारी या राज्य लोक सूचना अधिकारी अनुरोध करने वाले व्यक्ति को, -

(i) ऐसी अस्वीकृति के लिए कारण;

(ii) वह अवधि, जिसके भीतर ऐसी अस्वीकृति के विरुद्ध कोई अपील की जा सकेगी; और

(iii) अपील प्राधिकारी की विशिष्टियां, संसूचित करेगा।

(9) किसी सूचना को साधारणतया उसी प्रारूप में उपलब्ध कराया जाएगा जिसमें उसे मांगा गया है जब तक कि वह लोक प्राधिकारी के स्रोतों को अननुपाती रूप से विचलित न करता हो या प्रश्नगत अभिलेख की सुरक्षा या संरक्षण के प्रतिकूल न हो।

सूचना को प्रकट किए जाने से छूट

9. (1) इस अधिनियम में अंतर्विष्ट किसी बात के होते हुए भी व्यक्ति को निम्नलिखित सूचना देने की बाध्यता नहीं होगी –

(क) सूचना, जिसके प्रकटन से भारत की प्रभुता और अखण्डता, राज्य की सुरक्षा, रणनीति, वैज्ञानिक या आर्थिक हित, विदेश से संबंध पर प्रतिकूल प्रभाव पड़ता हो या किसी अपराध को करने का उद्दीपन होता हो;

(ख) सूचना, जिसके प्रकाशन को किसी न्यायालय या अधिकरण द्वारा अभिव्यक्त रूप से निषिद्ध किया गया है या जिसके प्रकटन से न्यायालय का अवमान होता है,

(ग) सूचना, जिसके प्रकटन से संसद या किसी राज्य के विधान-मंडल के विशेषाधिकार का भंग कारित होगा;

(घ) सूचना, जिसमें वाणिज्यिक विश्वास, व्यापार गोपनीयता या बौद्धिक संपदा सम्मिलित है, जिसके प्रकटन से किसी पर व्यक्ति की

प्रतियोगी स्थिति को नुकसान होता है, जबकि सक्षम प्राधिकारी का यह समाधान नहीं हो जाता है कि ऐसी सूचना के प्रकटन से विस्तृत लोकहित का समर्थन होता है;

(ड.) किसी व्यक्ति को उसकी वैश्वासिक नातेदारी में उपलब्ध सूचना, जब तक कि सक्षम प्राधिकारी का यह समाधान नहीं हो जाता है कि ऐसी सूचना के प्रकटन से विस्तृत लोकहित का समर्थन होता है;

(च) किसी विदेशी सरकार से विश्वास में प्राप्त सूचना;

(छ) सूचना जिसको प्रकट करना' किसी व्यक्ति के जीवन या शारीरिक सुरक्षा को खतरे में डालेगा या जो विधि प्रवर्तन या सुरक्षा प्रयोजनों के लिए विश्वास में दी गई किसी सूचना या सहायता के स्रोत की पहचान करेगा;

(ज) सूचना, जिससे अपराधियों के अन्वेषण, पकड़े जाने या अभियोजन की क्रिया में अड़चन पड़ेगी ;

(झ) मंत्रिमंडल के कागजपत्र, जिसमें मंत्रिपरिषद सचिवों और अन्य अधिकारियों के विचार-विमर्श के अभिलेख सम्मिलित हैं:

परन्तु यह कि मंत्रिपरिषद के विनिश्चय, उनके कारण तथा वह सामग्री जिसके आधार पर विनिश्चय किए गए थे, विनिश्चय किए जाने और विषय के पूरा या समाप्त होने के पश्चात जनता को उपलब्ध कराए जाएंगे:

परन्तु यह और कि वे विषय जो इस धारा में विनिर्दिष्ट छूटों के अंतर्गत आते हैं, प्रकट नहीं किए जाएंगे;

(ञ) सूचना, जो व्यक्तिगत सूचना से संबंधित है, जिसका प्रकटन किसी लोक क्रियाकलाप या हित से संबंध नहीं रखता है या जिससे व्यष्टि की एकांतता पर अनावश्यक अतिक्रमण होगा, जब तक कि यथास्थिति, केन्द्रीय लोक सूचना अधिकारी या राज्य लोक सूचना अधिकारी या अपील प्राधिकारी का यह समाधान नहीं हो जाता है कि ऐसी सूचना या प्रकटन विस्तृत लोकहित में न्यायोचित है:

परन्तु ऐसी सूचना के लिए, जिसको यथास्थिति, संसद या किसी विधान-मंडल को देने से इंकार नहीं किया जा सकता है, किसी व्यक्ति को इंकार नहीं किया जा सकेगा।

(2) शासकीय गुप्त बात अधिनियम, 1923 में उपधारा (1) के अनुसार अनुज्ञेय किसी छूट में किसी बात के होते हुए भी किसी लोक प्राधिकारी को सूचना तक पहुंच अनुज्ञात की जा

1923 का 19

सकेगी, यदि सूचना के प्रकटन में लोकहित, संरक्षित हितों के नुकसान से अधिक है।

(3) उपधारा (1) के खण्ड (क), खंड (ग) और खण्ड (झ) के उपबंधों के अधीन रहते हुए किसी ऐसी घटना, वृत्तांत या विषय से संबंधित कोई सूचना, जो उस तारीख से, जिसको धारा 6 के अधीन कोई अनुरोध किया जाता है, बीस वर्ष पूर्व घटित हुई थी या हुआ था, उस धारा के अधीन अनुरोध करने वाले किसी व्यक्ति को उपलब्ध कराई जाएगी:

परन्तु यह कि जहां उस तारीख के बारे में, जिससे बीस वर्ष की उक्त अवधि को संगणित किया जाता है, कोई प्रश्न अद्भूत होता है, वहां इस अधिनियम में उसके लिए उपबंधित प्रायिक अपीलों के अधीन रहते हुए केन्द्रीय सरकार का विनिश्चय अंतिम होगा।

कतिपय मामलों में पहुंच के लिए अस्वीकृति के आधार।

9. धारा 8 के उपबन्धों पर प्रतिकूल प्रभाव डाले बिना, यथास्थिति, कोई केन्द्रीय लोक सूचना अधिकारी या कोई राज्य लोक सूचना अधिकारी सूचना के किसी अनुरोध को वहां अस्वीकार कर सकेगा जहां पहुंच उपलब्ध कराने के लिए ऐसा अनुरोध राज्य से भिन्न किसी व्यक्ति के अस्तित्वयुक्त प्रतिलिप्याधिकार का उल्लंघन अन्तर्वलित करेगा।

पृथक्करणीयता

10. (1) जहां सूचना तक पहुंच के अनुरोध को इस आधार पर अस्वीकार किया जाता है कि वह ऐसी सूचना के संबंध में है जो प्रकट किए जाने से छूट प्राप्त है वहां इस अधिनियम में किसी बात के होते हुए भी, पहुंच अभिलेख के उस भाग तक उपलब्ध कराई जा सकेगी जिसमें कोई ऐसी सूचना अन्तर्विष्ट नहीं है, जो इस अधिनियम के अधीन प्रकट किए जाने से छूट प्राप्त है और जो किसी ऐसे भाग से, जिसमें छूट प्राप्त सूचना अन्तर्विष्ट है, युक्तियुक्त रूप से पृथक की जा सकती है।

(2) जहां उपधारा (1) के अधीन अभिलेख के किसी भाग तक पहुंच अनुदत्त की जाती है, वहां, यथास्थिति, केन्द्रीय लोक सूचना अधिकारी या राज्य लोक सूचना अधिकारी निम्नलिखित सूचना देते हुए, आवेदक को एक सूचना देगा कि –

(क) अनुरोध किए गए अभिलेख का केवल एक भाग ही, उस अभिलेख से उस सूचना को जो प्रकटन से छूट प्राप्त है पृथक करने के पश्चात् उपलब्ध कराया जा रहा है;

(ख) विनिश्चय के लिए कारण, जिनके अंतर्गत तथ्य के किसी महत्त्वपूर्ण प्रश्न पर उस सामग्री के प्रति, जिस पर वे निष्कर्ष आधारित थे, निर्देश करते हुए कोई निष्कर्ष भी है; और

(ग) विनिश्चय करने वाले व्यक्ति का नाम और पदनाम;

(घ) उसके द्वारा संगणित फीस के ब्यौरे और फीस की वह रकम जिसकी आवेदक से निक्षेप करने की अपेक्षा की जाती है; और

(ड.) सूचना के भाग को प्रकट न किए जाने के संबंध में विनिश्चय के पुनर्विलोकन के बारे में उसके अधिकार, प्रभारित फीस की रकम या उपलब्ध कराया गया पहुंच का प्रारूप, जिसके अन्तर्गत, यथास्थिति, धारा 19 की उपधारा (1) के अधीन विनिर्दिष्ट वरिष्ठ अधिकारी या केन्द्रीय लोक सूचना अधिकारी या राज्य लोक सूचना अधिकारी की विशिष्टियां, समय-सीमा प्रक्रिया और कोई अन्य पहुंच का प्रारूप भी है।

पर व्यक्ति सूचना

11. (1) जहां यथास्थिति, किसी केन्द्रीय लोक सूचना अधिकारी या राज्य लोक सूचना अधिकारी का, इस अधिनियम के अधीन किए गए अनुरोध पर कोई ऐसी सूचना या अभिलेख या उसके किसी भाग को प्रकट करने का आशय है, जो किसी पर व्यक्ति से संबंधित है या उसके द्वारा इसका प्रदाय किया गया है और उस पर व्यक्ति द्वारा उसे गोपनीय माना गया है, वहां यथास्थिति, केन्द्रीय लोक सचूना अधिकारी या राज्य लोक सूचना अधिकारी अनुरोध प्राप्त होने से पांच दिन के भीतर ऐसे पर व्यक्ति को अनुरोध की और इस तथ्य की लिखित रूप में सूचना देगा कि, यथास्थिति, केन्द्रीय लोक सूचना अधिकारी या राज्य लोक सूचना अधिकारी का उक्त सूचना या अभिलेख या उसके किसी भाग को प्रकट करने का आशय है, और इस बारे में कि सूचना प्रकट की जानी चाहिए या नहीं, लिखित में या मौखिक रूप से निवेदन करने के लिए पर व्यक्ति को आमंत्रित करेगा तथा सूचना के प्रकटन के बारे में कोई विनिश्चय करते समय पर व्यक्ति के ऐसे निवेदन को ध्यान में रखा जाएगा:

परन्तु विधि द्वारा संरक्षित व्यापार या वाणिज्यिक गुप्त बातों की दशा में के सिवाय, जदि ऐसे प्रकटन में लोकहित, ऐसे पर व्यक्ति के हितों की किसी संभावित अपहानि या क्षति से अधिक महत्त्वपूर्ण है तो प्रकटन अनुज्ञात किया जा सकेगा।

(2) जहां उपधारा (1) के अधीन, यथास्थिति, केन्द्रीय सूचना अधिकारी या राज्य लोक सूचना अधिकारी द्वारा पर व्यक्ति पर किसी सूचना या अभिलेख या उसके किसी भाग के बारे में किसी सूचना की तामील की जाती है, वहां ऐसे पर व्यक्ति को, ऐसी सूचना की प्राप्ति की तारीख से दस दिन के भीतर प्रस्तावित प्रकटन के विरुद्ध अभ्यावेदन करने का अवसर दिया जाएगा।

(3) धारा 7 में किसी बात के होते हुए भी, यथास्थिति, केन्द्रीय लोक सूचना अधिकारी या राज्य लोक सूचना अधिकारी धारा 6 के अधीन अनुरोध प्राप्त होने के पश्चात चालीस दिन के भीतर, यदि पर व्यक्ति को उपधारा (2) के अधीन अभ्यावेदन करने का अवसर दे दिया गया है, तो इस बारे में विनिश्चय करेगा कि उक्त सूचना या अभिलेख या उसके भाग का प्रकटन किया जाए या नहीं और अपने विनिश्चय की सूचना लिखित में पर व्यक्ति को देगा।

(4) उपधारा (3) के अधीन दी गई सूचना में यह कथन भी सम्मिलित होगा कि वह पर व्यक्ति, जिसे सूचना दी गई है, धारा 19 के अधीन उक्त विनिश्चय के विरुद्ध अपील करने का हकदार है।

केन्द्रीय सूचना आयोग

केन्द्रीय सूचना आयोग का गठन।

12. (1) केन्द्रीय सरकार, राजपत्र में अधिसूचना द्वारा, केन्द्रीय सूचना आयोग के नाम से ज्ञात एक निकाय का गठन करेगा, जो ऐसी शक्तियों का प्रयोग और ऐसे कृत्यों का पालन करेगा, जो उसे इस अधिनियम के अधीन सौंपे जाएं।

(2) केन्द्रीय सूचना आयोग निम्नलिखित से मिलकर बनेगा –

(क) केन्द्रीय सूचना आयुक्त; और

(ख) दस से अधिक उतनी संस्था में केन्द्रीय सूचना आयुक्त, जितने आवश्यक समझे जाएं।

(3) मुख्य सूचना आयुक्त और सूचना आयुक्तों की नियुक्ति, राष्ट्रपति द्वारा निम्नलिखित से मिलकर बनी समिति की सिफारिश पर की जाएगी–

(i) प्रधानमंत्री, जो समिति का अध्यक्ष होगा;

(ii) लोकसभा में विपक्ष का नेता; और

(iii) प्रधानमंत्री द्वारा नामनिर्दिष्ट संघ मंत्रिमण्डल का एक मंत्री।

स्पष्टीकरण – शंकाओं के निवारण के लिए यह घोषित किया जाता है कि जहां लोक सभा में विपक्ष के नेता को उस रूप में मान्यता नहीं दी गई है, वहां लोक सभा में सरकार के विपक्षी एकल सबसे बड़े समूह के नेता को विपक्ष का नेता समझा जाएगा।

(4) केन्द्रीय सूचना आयोग के कार्यों का साधारण अधीक्षण, निदेशन और प्रबंधन मुख्य सूचना आयुक्त में निहित होगा, जिसकी सहायता सूचना आयुक्तों द्वारा की जाएगी और वह ऐसी सभी शक्तियों का प्रयोग और ऐसे सभी कार्य और बातें कर सकेगा, जिनका केन्द्रीय सूचना आयोग द्वारा स्वतंत्र रूप से इस अधिनियम के अधीन किसी अन्य प्राधिकारी के निर्देशों के अधीन रहे बिना प्रयोग किया जा सकता है या जो की जा सकती है।

(5) गुख्य सूचना आयुक्त और सूचना आयुक्त विधि, विज्ञान और प्रौद्योगिकी, समाज सेवा, प्रबंध, पत्रकारिता, जनसंपर्क माध्यम या प्रशासन तथा शासन का व्यापक ज्ञान और अनुभव रखने वाले जनजीवन में प्रख्यात व्यक्ति होंगे।

(6) मुख्य सूचना आयुक्त या कोई सूचना आयुक्त, यथास्थिति, संसद का सदस्य या किसी राज्य या संघ राज्यक्षेत्र के विधान-मंडल का सदस्य नहीं होगा या कोई अन्य लाभ का पद धारित नहीं करेगा या किसी राजनैतिक दल से संबद्ध नहीं होगा अथवा कोई कारोबार नहीं करेगा या कोई वृत्ति नहीं करेगा।

(7) केन्द्रीय सूचना आयोग का मुख्यालय, दिल्ली में होगा और केन्द्रीय सूचना आयोग, केन्द्रीय सरकार के पूर्व अनुमोदन से भारत में अन्य स्थानों पर कार्यालब स्थापित कर सकेगा।

पदावधि और सेवा शर्तें

13.(1) सूचना आयुक्त, उस तारीख से, जिसको वहअपना पद ग्रहण करता है, पांच वर्ष की अवधि के लिए पद धारण करेगा और पुनर्नियुक्ति के लिए पात्र नहीं होगा:

परन्तु यह कि कोई मुख्य सूचना आयुक्त पैंसठ वर्ष की आयु प्राप्त करने के पश्चात उस रूप में धारण नहीं करेगा।

(2) प्रत्येक सूचना आयुक्त, उस तारीख से, जिसको वह अपना पद ग्रहण करता है, पांच वर्ष की अवधि के लिए या पैंसठ वर्ष आयु प्राप्त करने तक, इनमें से जो भी पूर्वतर हो, पद धारण करेगा और ऐसे सूचना आयुक्त के रूप में पुनर्नियुक्ति के लिए पात्र नहीं होगा:

परन्तु प्रत्येक सूचना आयुक्त, इस उपधारा के अधीन अपना पद रिक्त करने पर धारा 12 की उपधारा (3) में विनिर्दिष्ट रीति से मुख्य सूचना आयुक्त के रूप में नियुक्ति के लिए पात्र होगा:

परन्तु यह और कि जहां सूचना आयुक्त को मुख्य सूचना आयुक्त के रूप में नियुक्त किया जाता है वहां उसकी पदावधि सूचना आयुक्त और मुख्य सूचना आयुक्त के रूप में कुल मिलाकर पांच वर्ष से अधिक नहीं होगा।

(3) मुख्य सूचना आयुक्त या कोई सूचना आयुक्त अपना पद ग्रहण करने से पूर्व राष्ट्रपति या उनके द्वारा इस निमित्त प्राधिकृत किसी अन्य व्यक्ति के समक्ष, पहली अनुसूची में इस प्रयोजन के लिए उपवर्णित प्रारूप के अनुसार एक शपथ या प्रतिज्ञान लेगा और उस पर हस्ताक्षर करेगा।

(4) मुख्य सूचना आयुक्त या कोई सूचना आयुक्त किसी भी समय,राष्ट्रपति को संबोधित कर अपने हस्ताक्षर सहित लेख द्वारा अपना पद त्याग सकेगा।

परन्तु मुख्य सूचना आयुक्त या किसी सूचना आयुक्त को धारा 14 में विनिर्दिष्ट रीति से हटाया जा सकेगा।

(5) संवेग वेतन और भत्ते तथा सेवा के अन्य निबंधन और शर्तें–

(क) मुख्य सूचना आयुक्त की वही होंगी, जो मुख्य निर्वाचन आयुक्त की हैं;

(4) सूचना आयुक्त की वही होंगी, जो निर्वाचन आयुक्त की हैं:

परन्तु यदि मुख्य सूचना आयुक्त या कोई सूचना आयुक्त, अपनी नियुक्ति के समय भारत सरकार के अधीन या किसी राज्य सरकार के अधीन किसी पूर्व सेवा के संबंध में कोई पेंशन, अक्षमता या क्षति पेंशन से भिन्न प्राप्त कर रहा है तो मुख्य सूचना आयुक्त या सूचना आयुक्त के रूप में सेवा के संबंध में उसके वेतन में से, उस पेंशन की, जिसके अंतर्गत पेंशन का ऐसा कोई भाग, जिसे संराशिकृत किया गया था और सेवानिवृत्ति उपादान के समतुल्य पेंशन को छोड़कर सेवानिवृत्ति फायदों के अन्य रूपों के समतुल्य पेंशन भी है, रकम को कम कर दिया जाएग:

परन्तु यह और कि यदि मुख्य सूचना आयुक्त या कोई आयुक्त, अपनी नियुक्ति के समय, किसी केन्द्रीय अधिनियम या राज्य अधिनियम द्वारा या उसके अधीन स्थापित किसी निगम में या केन्द्रीय सरकार या राज्य सरकार के स्वामित्वाधीन या नियंत्रणाधीन किसी सरकारी कंपनी में की गई किसी पूर्व सेवा के संबंध में सेवानिवृत्ति फायदे प्राप्त कर रहा है तो मुख्य सूचना

आयुक्त या सूचना आयुक्त के रूप में सेवा के संबंध में उसके वेतन में से, सेवानिवृत्ति फायदों के समतुल्य पेंशन की रकम कम कर दी जाएगी।

परन्तु यह भी कि मुख्य सूचना आयुक्त या सूचना आयुक्त के वेतन, भत्तों और सेवा की अन्य शर्तों में उसकी नियुक्ति के पश्चात उसे अलाभकर रूप में कोई परिवर्तन नहीं किया जाएगा।

(6) केन्द्रीय सरकार मुख्य सूचना आयुक्त या सूचना आयुक्तों को उतने अधिकारी और कर्मचारी उपलब्ध कराएगी, जितने इस अधिनिमय के अधीन उनके कृत्यों के दक्ष पालन के लिए आवश्यक हों और इस अधिनियम के प्रयोजन के लिए नियुक्त किए गए अधिकारियों और अन्य कर्मचारियों को संदेय वेतन और भत्ते तथा सेवा के निबंधन और शर्तें ऐसी होंगी जो विहित की जाएं।

सूचना आयुक्त या मुख्य सूचना आयुक्त का हटाया जाना

14. (1) उपधारा (3) के उपबंधों के अधीन रहते हुए मुख्य सूचना आयुक्त या किसी सूचना आयुक्त को राष्ट्रपति के आदेश द्वारा साबित कदाचार या असमर्थता के आधार पर उसके पद से तभी हटाया जाएगा, जब उच्चतम न्यायालय ने, राष्ट्रपति द्वारा दिए गए किसी निर्देश पर जांच के पश्चात यह रिपोर्ट दी हो कि यथास्थिति, मुख्य सूचना आयुक्त या सूचना आयुक्त को उस आधार पर हटा दिया जाना चाहिए।

(2) राष्ट्रपति उस मुख्य सूचना आयुक्त या सूचना आयुक्त को, जिसके विरुद्ध उपधारा (1) के अधीन उच्चतम न्यायालय को निर्देश किया गया है ऐसे निर्देश पर उच्चतम न्यायालय की रिपोर्ट प्राप्त होने पर राष्ट्रपति द्वारा आदेश पारित किए जाने तक पद से निलंबित कर सकेगा और यदि आवश्यक समझें तो जांच के दौरान कार्यालय में उपस्थित होने से भी प्रतिषिद्ध कर सकेगा।

(3) उपधारा (1) में अंतविष्ट किसी बात के होते हुए भी राष्ट्रपति, मुख्य सूचना या किसी सूचना आयुक्त को आदेश द्वारा पद से हटा सकेगा, यदि यथास्थिति मुख्य सूचना आयुक्त या सूचना आयुक्त –

(क) दिवालिया न्यायनिर्णीत किया गया है; या

(ख) वह ऐसे अपराध के लिए दोषसिद्ध ठहराया गया है जिसमें राष्ट्रपति की राय में नैतिक अधमता अन्तर्चलित है; या

(ग) अपनी पदावधि के दौरान, अपने पद के कर्तव्यों से परे किसी वैतनिक नियोजन में लगा हुआ है; या

(घ) राष्ट्रपति की राय में, मानसिक या शारीरिक अक्षमता के कारण पद पर बने रहने के अयोग्य है; या

(ड) उसने ऐसे वित्तीय और अन्य हित अर्जित किए हैं, जिसने मुख्य सूचना आयुक्त या किसी सूचना आयुक्त के रूप में उसके कृत्यों पर प्रतिकूल प्रभाव पड़ने की संभावना है।

(4) यदि मुख्य सूचना आयुक्त या कोई सूचना आयुक्त, किसी प्रकार भारत सरकार द्वारा या उसकी ओर से की गई किसी संविदा या करार से संबद्ध या उसमें हितबद्ध है या किसी निगमित कंपनी के किसी सदस्य के रूप में से अन्यथा और उसके अन्य सदस्यों के साथ सामान्यत: उसके लाभ में या उससे प्रोद्भूत होने वाले किसी फायदे या परिलब्धियों में हिस्सा लेता है तो वह उपधारा (1) के प्रयोजनों के लिए कदाचार का दोषी समझा जाएगा।

राज्य सूचना आयोग

राज्य सूचना आयोग का गठन

15. (1) प्रत्येक राज्य सरकार राजपत्र में अधिसूचना द्वारा .... (राज्य का नाम) सूचना आयोग के नाम से ज्ञात एक निकाय का गठन करेगी, जो ऐसी शक्तियों का प्रयोग और ऐसे कृत्यों का पालन करेगा, जो उसे इस अधिनियम के अधीन सौंपे जाएं।

(2) राज्य सूचना आयोग निम्नलिखित से मिलकर बनेगा –

(क) राज्य मुख्य सूचना आयुक्त ; और

(ख) दस से अधिक उतनी संख्या में राज्य सूचना आयुक्त, जितने आवश्यक समझे जाएं।

(3) राज्य मुख्य सूचना आयुक्त और राज्य सूचना आयुक्तों की नियुक्ति राज्यपाल द्वारा निम्नलिखित से मिलकर बनी किसी समिति की सिफारिश पर की जाएगी –

(i) मुख्यमंत्री, जो समिति का अध्यक्ष होगा;

(ii) विधानसभा में विपक्ष का नेता; और

(iii) मुख्यमंत्री द्वारा नाम निर्देशित किया जाने वाला मंत्रीमंडल का सदस्य।

स्पष्टीकरण– शंकाओं को दूर करने के प्रयोजनों के लिए यह घोषित किया जाता है कि जहां विधान सभा में विपक्षी दल के नेता को उस रूप में मान्यता नहीं दी गई है, वहां विधान सभा में सरकार के विपक्षी एकल सबसे बड़े समूह के नेता को विपक्षी दल का नेता समझा जाएगा।

(4) राज्य सूचना आयोग के कार्यों का साधारण अधीक्षण, निर्देशन और प्रबंध राज्य मुख्य सूचना आयुक्त में निहित होगा, जिसकी राज्य सूचना आयुक्तों द्वारा सहायता की जाएगी और वह सभी ऐसी शक्तियों का प्रयोग कर सकेगा और सभी ऐसे कार्य और बातें कर सकेगा जो राज्य सूचना आयोग द्वारा इस अधिनियम के अधीन किसी अन्य प्राधिकारी के निर्देशों के अधीन रहे बिना स्वतंत्र रूप से प्रयोग की जा सकती हैं या की जा सकती है।

(5) राज्य मुख्य सूचना आयुक्त और राज्य सूचना आयुक्त विधि, विज्ञान और प्रौद्योगिकी, समाजसेवा, प्रबंध, पत्रकारिता, जनसंपर्क माध्यम या प्रशासन और शासन में व्यापक ज्ञान और अनुभव वाले समाज में प्रख्यात व्यक्ति होंगे।

(6) राज्य मुख्य सूचना आयुक्त या राज्य सूचना आयुक्त, यथास्थिति संसद का सदस्य या किसी राज्य या संघ राज्यक्षेत्र के विधान-मंडल का सदस्य नहीं होगा या कोई अन्य लाभ का पद धारण नहीं करेगा या किसी राजनीतिक दल से संबद्ध नहीं होगा या कोई कारबार नहीं करेगा या कोई वृत्ति नहीं करेगा।

(7) राज्य सूचना आयोग का मुख्यालय राज्य में ऐसे स्थान पर होगा, जिसे राज्य सरकार राजपत्र में अधिसूचना द्वारा विनिर्दिष्ट करे और राज्य सूचना आयोग, राज्य सरकार के पूर्व अनुमोदन से, राज्य में अन्य स्थानों पर अपने कार्यालय स्थापित कर सकेगा।

पदावधि और सेवा की शर्तें

16. (1) राज्य मुख्य सूचना आयुक्त उस तारीख से, जिसको यह अपना पद ग्रहण करता है, पांच वर्ष की अवधि के लिए पद धारण करेगा और पुनर्नियुक्ति के लिए पात्र नहीं होगा:

परन्तु कोई राज्य मुख्य सूचना आयुक्त पैंसठ वर्ष की आयु प्राप्त करने के पश्चात् उस रूप में पद धारण नहीं करेगा।

(2) प्रत्येक राज्य सूचना आयुक्त उस तारीख से, जिसको वह अपना पद ग्रहण करता है, पांच वर्ष की अवधि के लिए या पैंसठ वर्ष की आयु प्राप्त करने तक, इनमें से जो भी पूर्वतर हो, पद धारण करेगा और राज्य सूचना आयुक्त के रूप में पुनर्नियुक्ति के लिए पात्र नहीं होगा:

परन्तु प्रत्येक राज्य सूचना आयुक्त, इस उपधारा के अधीन अपना पद रिक्त करने पर, धारा 15 की उपधारा (3) में विनिर्दिष्ट रीति से राज्य मुख्य आयुक्त के रूप में नियुक्ति के लिए पात्र होगा:

परन्तु यह और कि जहां राज्य सूचना आयुक्त की राज्य मुख्य सूचना आयुक्त के रूप में नियुक्ति की जाती है, वहां उसकी पदावधि राज्य आयुक्त

और राज्य मुख्य सूचना आयुक्त के रूप में कुल मिलाकर पांच वर्ष से अधिक नहीं होगी।

(3) राज्य मुख्य सूचना आयुक्त या कोई राज्य सूचना आयुक्त अपना पद ग्रहण करने से पूर्व राज्यपाल या इस निमित्त उसके द्वारा नियुक्त किए गए किसी अन्य व्यक्ति के समक्ष पहली अनुसूची में इस प्रयोजन के लिए उपवर्णित प्रारूप के अनुसार शपथ या प्रतिज्ञान लेगा और उस पर अपने हस्ताक्षर करेगा।

(4) राज्य मुख्य सूचना आयुक्त या कोई राज्य सूचना आयुक्त, किसी भी समय, राज्यपाल को संबोधित अपने हस्ताक्षर सहित लेख द्वारा अपने पद का त्याग कर सकेगा:

परन्तु राज्य मुख्य सूचना आयुक्त या किसी राज्य सूचना आयुक्त को धारा 17 में विनिर्दिष्ट रीति से हटाया जा सकेगा।

(5) संदेय वेतन और भत्ते तथा सेवा के अन्य निबंधन और शर्तें –

(क) राज्य मुख्य सूचना आयुक्त की वही होंगी, जो किसी निर्वाचन आयुक्त की हैं;

(ख) राज्य सूचना आयुक्त की वही होंगी, जो राज्य सरकार के मुख्य सचिव की हैं:

परन्तु यदि राज्य मुख्य सूचना आयुक्त या कोई राज्य सूचना आयुक्त अपनी नियुक्ति के समय भारत सरकार के अधीन या किसी राज्य सरकार के अधीन किसी पूर्व सेवा के संबंध में कोई पेंशन, अक्षमता या क्षति पेंशन से भिन्न, प्राप्त कर रहा है तो राज्य मुख्य सूचना आयुक्त या राज्य सूचना आयुक्त के रूप में सेवा के संबंध में उसके वेतन में से उस पेंशन की रकम को, जिसके अंतर्गत पेंशन का ऐसा भाग जिसे संराशिकृत किया गया था और सेवानिवृत्ति उपदान के समतुल्य पेंशन को छोड़कर अन्य प्रकार के सेवानिवृत्ति फायदों के समतुल्य पेंशन भी है, रकम को कम कर दिया जाएगा:

परन्तु यह और कि जहां राज्य मुख्य सूचना आयुक्त या राज्य सूचना आयुक्त, अपनी नियुक्ति के समय किसी केन्द्रीय अधिनियम या राज्य अधिनियम द्वारा या उसके अधीन स्थापित किसी नियम या केन्द्रीय सरकार या राज्य सरकार के स्वामित्वाधीन या नियंत्रणाधीन किसी सरकारी कंपनी में की गई किसी पूर्व सेवा के संबंध में सेवानिवृत्ति फायदे प्राप्त कर रहा है वहां राज्य मुख्य सूचना आयुक्त या राज्य सूचना आयुक्त के रूप में सेवा के संबंध

में उसके वेतन में से सेवानिवृत्ति फायदों के समतुल्य पेंशन की रकम कम कर दी जाएगी।

परन्तु यह और कि राज्य मुख्य सूचना आयुक्त और राज्य सूचना आयुक्तों के वेतन भत्तों और सेवा की अन्य शर्तों में उनकी नियुक्ति के पश्चात् उनके लिए अलाभकारी रूप में परिवर्तन नहीं किया जाएगा।

(6) राज्य सरकार राज्य मुख्य सूचना आयुक्त और राज्य सूचना आयुक्तों को उतने अधिकारी और कर्मचारी उपलब्ध कराएगी जितने इस अधिनियम के अधीन उनके कृत्यों के पालन के लिए आवश्यक हों और इस अधिनियम प्रयोजन के लिए नियुक्त किए गए अधिकारियों और अन्य कर्मचारियों को सदैव वेतन और भत्ते तथा सेवा के निबंधन और शर्तें ऐसी होंगी, जो विहित की जाएं।

राज्य मुख्य सूचना आयुक्त और राज्य सूचना आयुक्त का हटाया जाना।

17. (1) उपधारा (3) के उपबंधों के अधीन रहते हुए, राज्य मुख्य सूचना आयुक्त या किसी राज्य सूचना आयुक्त को राज्यपाल के आदेश द्वारा साबित कदाचार या असमर्थता के आधार पर उसके पद से तभी हटाया जाएगा, जब उच्चतम न्यायालय ने, राज्यपाल द्वारा उसे किए गए किसी निर्देश पर जांच के पश्चात् वह रिपोर्ट दी हो कि, यथास्थिति, राज्य मुख्य सूचना आयुक्त या राज्य सूचना आयुक्त को उस आध ार पर हटा दिया जाना चाहिए।

(2) राज्यपाल, उस राज्य मुख्य सूचना आयुक्त या राज्य सूचना आयुक्त को, जिसके विरुद्ध उपधारा (1) के अधीन उच्चतम न्यायालय को निर्देश किया गया है, ऐसे निर्देश पर उच्चतम न्यायालय की रिपोर्ट की प्राप्ति पर राज्यपाल द्वारा आदेश पारित किए जाने तक, पद से निलंबित कर सकेगा और यदि आवश्यक समझें तो ऐसी जांच के दौरान कार्यालय में उपस्थित होने से प्रतिषिद्ध भी कर सकेगा।

(3) उपधारा (1) में अंतर्विष्ट किसी बात के होते हुए भी राज्यपाल, राज्य मुख्य सूचना आयुक्त या किसी राज्य सूचना आयुक्त को आदेश द्वारा पद से हटा सकेगा, यदि यथास्थिति, राज्य मुख्य सूचना आयुक्त या राज्य सूचना आयुक्त–

(क) दिवालिया न्यायनिर्णीत किया गया है; या

(ख) वह ऐसे किसी अपराध के लिए दोषसिद्ध ठहराया गया है, जिसमें राज्यपाल की राय में नैतिक अधमता अंतवर्लित है; या

(ग) वह अपनी पदावधि के दौरान अपने पद के कर्तव्यों से परे किसी वैतनिक नियोजन में लगा हुआ है; या

(घ) राज्यपाल की राय में मानसिक या शारीरिक अक्षमता के कारण पद पर बने रहने के अयोग्य है; या

(ङ) उसने ऐसे वित्तीय या अन्य हित अर्जित किए हैं, जिनसे, राज्य मुख्य सूचना आयुक्त या राज्य सूचना आयुक्त के रूप में उसके कृत्यों पर प्रतिकूल प्रभाव पड़ने की संभावना है।

(4) यदि राज्य मुख्य सूचना आयुक्त या कोई राज्य सूचना आयुक्त, किसी प्रकार, राज्य सरकार द्वारा या उसकी ओर से की गई किसी संविदा या करार से संबद्ध या उसमें हितबद्ध है या किसी निगमित कंपनी के किसी सदस्य को किसी रूप में से अन्यथा और उसके अन्य सदस्यों के साथ सामान्यतः उसके लाभ में या उससे प्रोद्भूत होने वाले किसी फायदे या परिलब्धियों में हिस्सा लेता है तो वह उपधारा (1) के प्रयोजनों के लिए कदाचार का दोषी समझा जाएगा।

सूचना आयोग की शक्तियां और कृत्य, अपील तथा शास्तियां

18. (1) इस अधिनियम के उपबंधों के अधीन रहते हुए यथास्थिति, केन्द्रीय सूचना आयोग या राज्य आयोग का यह कर्तव्य होगा कि वह निम्नलिखित किसी ऐसे व्यक्ति से शिकायत प्राप्त करे और उसकी जांच करे–

(क) जो यथास्थिति, किसी केन्द्रीय लोक सूचना अधिकारी या राज्य लोक सूचना अधिकारी को, इस कारण से अनुरोध प्रस्तुत करने में असमर्थ रहा है कि इस अधिनियम के अधीन ऐसे अधिकारी की नियुक्ति नहीं की गई है या यथास्थिति, केन्द्रीय सहायक लोक सूचना अधिकारी या राज्य सहायक लोक सूचना अधिकारी ने इस अधिनियम के अधीन सूचना या अपील के लिए धारा 19 की उपधारा (1) में विनिर्दिष्ट केन्द्रीय लोक सूचना अधिकारी या राज्य लोक सूचना अधिकारी अथवा ज्येष्ठ अधिकारी या यथास्थिति, केन्द्रीय सूचना आयोग या राज्य सूचना आयोग को उसके आवेदन को भेजने के लिए स्वीकार करने से इंकार कर दिया है;

(ख) जिसे इस अधिनियम के अधीन अनुरोध की गई कोई जानकारी तक पहुंच के लिए इंकार कर दिया गया है;

(ग) जिसे इस अधिनियम के अधीन विनिर्दिष्ट समय-सीमा के भीतर सूचना के लिए या सूचना तक पहुंच के लिए अनुरोध का उत्तर नहीं दिया गया है;

(घ) जिससे ऐसी फीस की रकम का संदाय करने की अपेक्षा की गई है, जो वह अनुचित समझता है;

(ङ) जो यह विश्वास करता है कि उसे इस अधिनियम के अधीन अपूर्ण भ्रम में डालने वाली या मिथ्या सूचना दी गई है; और

(च) इस अधिनियम के अधीन अभिलेखों के लिए अनुरोध करने या उन तक पहुंच प्राप्त करने या मिथ्या सूचना दी गई है; और

(2) जहां यथास्थिति, केन्द्रीय सूचना आयोग या राज्य सरकार आयोग का यह समाधान हो सकता है कि उस विषय में जांच करने के लिए युक्तिमुक्त आधार है वहां वह उसके संबंध में जांच आरंभ कर सकेगा।

(3) यथास्थिति, केन्द्रीय सूचना आयोग या राज्य आयोग को, इस धारा के अधीन किसी मामले में जांच करते समय वही शक्तियां प्राप्त होंगी जो निम्नलिखित मामलों के संबंध में सिविल प्रक्रिया संहिता, 1908 के अधीन किसी वाद का विचारण करते समय सिविल न्यायालयों मे निहित होती हैं अर्थात्

(क) किन्हीं व्यक्तियों को समन करना और उन्हें उपस्थित कराना तथा शपथ पर मौखिक या लिखित साक्ष्य देने के लिए और दस्तावेज या चीजें पेश करने के लिए उनको विवश कराना;

(ख) दस्तावेजों के प्रकटीकरण और निरीक्षण की अपेक्षा करना;

(ग) शपथ पत्र पर साक्ष्य को अभिग्रहण करना;

(घ) किसी न्यायालय या कार्यालय से किसी लोक अभिलेख या उसकी प्रतियां मंगाना;

(ड.) साक्षियों या दस्तावेजों की परीक्षा के लिए समन जारी करना; और

(च) कोई अन्य विषय, जो विहित किया जाए।

(4) यथास्थिति, संसद या राज्य विधान-मंडल के किसी अन्य अधिनियम में अंतर्विष्ट किसी असंगत बात के होते हुए भी, यथास्थिति, केन्द्रीय सूचना आयोग या राज्य सूचना आयोग इस अधिनियम के अधीन, किसी शिकायत की जांच करने के दौरान, ऐसे किसी अभिलेख की परीक्षा कर सकेगा, जिसे यह अधिनियम लागू होता है और जो लोक प्राधिकारी के नियंत्रण में है और उसके द्वारा ऐसे किसी अभिलेख को किन्हीं भी आधारों पर रोका नहीं जाएगा।

अपील 1

19. (1) ऐसा कोई व्यक्ति, जिसे धारा 7 की उपधारा (1) या उपधारा (3) के खंड (क) में विनिर्दिष्ट समय के भीतर कोई विनिश्चय प्राप्त नहीं हुआ है या जो, यथास्थिति, केन्द्रीय लोक

सूचना अधिकारी या राज्य लोक सूचना अधिकारी के किसी विनिश्चय से व्यथित है, उस अवधि की समाप्ति से या ऐसे किसी विनिश्चय की प्राप्ति से तीस दिन के भीतर ऐसे अधिकारी को अपील कर सकेगा, जो प्रत्येक लोक प्राधिकरण में, यथास्थिति केन्द्रीय लोक सूचना अधिकारी या लोक सूचना अधिकारी की पंक्ति से ज्येष्ठ पंक्ति का है:

परन्तु ऐसा अधिकारी, तीन दिन की अवधि की समाप्ति के पश्चात अपील को ग्रहण कर सकेगा, यदि उसका यह समाधान हो जाता है कि अपीलार्थी समय पर अपील, फाइल करने में पर्याप्त कारण से निवारित किया गया था।

(2) जहां अपील धारा 11 के अधीन, यथास्थिति, किसी केन्द्रीय लोक सूचना अधिकारी या किसी राज्य लोक सूचना अधिकारी द्वारा पर व्यक्ति की सूचना प्रकट करने के लिए किए गए किसी आदेश के विरुद्ध की जाती है वहां संबंधित पर व्यक्ति द्वारा अपील उस आदेश की तारीख से 30 दिन के भीतर की जाएगी।

(3) उपधारा (1) के अधीन विनिश्चय के विरुद्ध दूसरी अपील उस तारीख से, जिसको विनिश्चय किया जाना चाहिए था या वास्तव में प्राप्त किया गया था, नब्बे दिन के भीतर केन्द्रीय सूचना आयोग या राज्य सूचना आयोग को होगी:

परन्तु यथास्थिति, केन्द्रीय लोक सूचना आयोग या राज्य सूचना आयोग नब्बे दिन की अवधि की समाप्ति के पश्चात अपील को ग्रहण कर सकेगा, यदि उसका यह समाधान हो पाता है कि अपीलार्थी समय पर अपील फाइल करने से पर्याप्त कारण से निवारित किया गया था।

(4) यदि यथास्थिति, केन्द्रीय लोक सूचना अधिकारी या राज्य लोक सूचना अधिकारी का विनिश्चय, जिसके विरुद्ध अपील की गई है, पर व्यक्ति की सूचना से संबंधित है तो यथास्थिति केन्द्रीय सूचना आयोग या राज्य सूचना आयोग उस पर व्यक्ति को सुनवाई का युक्तियुक्त अवसर देगा।

(5) अपील संबंधी किन्हीं कार्यवाहियों में यह साबित करने का भार कि अनुरोध को अस्वीकार करना न्यायोचित था, यथास्थिति, केन्द्रीय लोक सूचना अधिकारी या राज्य लोक सूचना अधिकारी पर जिसने अनुरोध से इंकार किया था, होगा।

(6) उपधारा (1) या उपधारा (2) के अधीन किसी अपील का निपटारा, लेखबद्ध किए जाने वाले कारणों से, अपील की प्राप्ति के तीस दिन के भीतर या ऐसी विस्तारित अवधि के भीतर जो उसके फाइल किए जाने की तारीख से कुल पैंतालीस दिन से अधिक न हो, किया जाएगा।

(7) यथास्थिति, केन्द्रीय सूचना आयोग या राज्य सूचना आयोग का विनिश्चय आबद्धकर होगा।

(8) अपने विनिश्चय में, यथास्थिति, केन्द्रीय लोक सूचना आयोग या राज्य सूचना आयोग को निम्नलिखित की शक्ति है–

(क) लोक प्राधिकरण से ऐसे उपाय करने की अपेक्षा करना, जो इस अधि नियम के उपबंधों का अनुपालन सुनिश्चित करने के लिए आवश्यक हों, जिनके अंतर्गत निम्नलिखित भी हैं:-

(i) सूचना तक पहुंच उपलब्ध कराना, यदि विशिष्ट प्रारूप में ऐसा अनुरोध किया गया है ;

(ii) यथास्थिति, केन्द्रीय लोक सूचना अधिकारी या राज्य लोक सूचना अधिकारी को नियुक्त करना ;

(iii) कतिपय सूचना या सूचना के प्रवर्गों को प्रकाशित करना;

(iv) अभिलेखों के अनुरक्षण, प्रबंध और विनाश से संबंधित अपनी पद्धतियों में आवश्यक परिवर्तन करना ;

(v) अपने अधिकारियों के लिए सूचना के अधिकार के संबंध में प्रशिक्षण के उपबंध को बढ़ाना ;

(vi) धारा 4 की उपधारा (1) के खंड (ख) के अनुसरण में अपनी एक वार्षिक रिपोर्ट उपलब्ध कराना ;

(ख) लोक प्राधिकारी से शिकायतकर्ता को उसके द्वारा सहन की गई किस हानि या अन्य नुकसान के लिए प्रतिपूरित करने की अपेक्षा करना ;

(ग) इस अधिनियम के अधीन उपबंधित शास्तियों में से कोई शास्ति अधिरोपित करना;

(घ) आवेदन को नामंजूर करना ।

(9) यथास्थिति, केन्द्रीय सूचना आयोग या राज्य सूचना आयोग शिकायतकर्ता और लोक प्राधिकारी को, अपने विनिश्चय की, जिसके अंतर्गत अपील का कोई अधिकार भी है, सूचना देगा।

(10) यथास्थिति, केन्द्रीय सूचना आयोग या राज्य सूचना आयोग, अपील का विनिश्चय ऐसी प्रक्रिया के अनुसार करेगा, जो विहित की जाए।

शास्ति

20. (1) जहां किसी शिकायत या अपील का दिनिश्चय करते समय, यथास्थिति, केन्द्रीय सूचना आयोग या राज्य सूचना आयोग की यह राय है कि यथास्थिति, केन्द्रीय लोक सूचना अधिकारी या राज्य

लोक सूचना अधिकारी ने, किसी युक्तियुक्त कारण के बिना सूचना के लिए, कोई आवेदन प्राप्त करने से इंकार किया है या धारा 7 की उपधारा (1) के अधीन सूचना के लिए विनिर्दिष्ट समय के भीतर सूचना नहीं है या असद्भावपूर्वक सूचना के लिए अनुरोध से इंकार किया है या जानबूझकर गलत, अपूर्ण या भ्रामक सूचना दी है या उस सूचना को नष्ट कर दिया है, जो अनुरोध का विषय थी या किसी रीति से सूचना देने में बाधा डालते हैं, तो वह ऐसे प्रत्येक दिन के लिए, जब तक आवेदन प्राप्त किया जाता है या सूचना दी जाती है। दो सौ पचास रुपए की शस्ति अधिरोपित करेगा, तथापि ऐसी शास्ति की कुल रकम पच्चीस हजार रुपए से अधिक नहीं होगी:

परंतु यथास्थिति, केंद्रीय लोक सूचना अधिकारी या राज्य लोक सूचना अधिकारी को, उस पर कोई शास्ति अधिरोपित किए जाने के पूर्व, सुनवाई का युक्तियुक्त अवसर दिया जाएगा :

परंतु यह और कि यह साबित करने का भार कि उसने युक्तियुक्त रूप से और तत्परतापूर्वक कार्य किया है। यथास्थिति, केंद्रीय लोक सूचना अधिकारी या राज्य लोक सूचना अधिकारी पर होगा।

(2) जहां किसी शिकायत या अपील का विनिश्चय करते समय, यथास्थिति, केंद्रीय सूचना आयोग या राज्य सूचना आयोग की यह राय है कि यथास्थिति, केंद्रीय लोक सूचना अधिकारी या राज्य लोक सूचना अधिकारी, किसी युक्तियुक्त कारण के बिना और लगातार सूचना के लिए कोई आवेदन प्राप्त करने में असफल रहा है या उसने धारा 7 की उपधारा (1) के अधीन विनिर्दिष्ट समय के भीतर सूचना नहीं दी है या असद्भवपूर्वक सूचना के लिए अनुरोध से इंकार किया है या जानबूझकर गलत, अपूर्ण या भ्रामक सूचना दी है या ऐसी सूचना को नष्ट कर दिया है, जो अनुरोध का विषय थी या किसी रीति से सूचना देने में बाधा डाली है वहां वह यथास्थिति, ऐसे केंद्रीय लोक सूचना अधिकारी या राज्य लोक सूचना अधिकारी के विरुद्ध उसे लागू सेवा नियमों के अधीन अनुशासनिक कार्रवाई के लिए सिफारिश करेगा।

प्रकीर्ण

सद्भावपूर्वक की गई कार्रवाई के लिए संरक्षण

21. कोई वाद, अभियोजन या अन्य विधिक कार्यवाही किसी भी ऐसी बात के बारे में, जो इस अधि नियम या उसे अधीन बनाए गए किसी नियम के अध

ीन सद्भावपूर्वक की गई है या की जाने के लिए आशयित है, किसी व्यक्ति के विरुद्ध न होगी।

अधिनियम का अध्यारोही प्रभाव होना।

22. इस अधिनियम के उपबंध , शासकीय गुप्त बात अधिनियम, 1923 और तत्समय प्रवृत्त किसी अन्य विधि में या इस अधिनियम से अन्यथा किसी विधि के आधार पर प्रभाव रखने वाली किसी लिखत में उससे असंगत किसी बात के होते हुए भी प्रभावी होंगे। 1923 का 19

न्यायालयों की अधिकारिता का वर्जन।

23. कोई न्यायालय, इस अधिनियम के अधीन किए गए किसी आदेश के संबंध में कोई वाद, आवेदन या अन्य कार्यवाही ग्रहण नहीं करेगा और ऐसे किसी आदेश को इस अधिनियम के अधीन किसी अपील के रूप में, के सिवाए किसी रूप में प्रश्नगत नहीं किया जाएगा।

अधिनियम का कतिपय संगठनों को लागू न होना।

24. (1) इस अधिनियम में अंतर्विष्ट कोई बात केन्द्रीय कतिपय संगठनों सरकार द्वारा स्थापित आसूचना और सुरक्षा संगठनों को, जो दूसरी अनुसूची में विनिर्दिष्ट है या ऐसे संगठनों द्वारा उस सरकार को दी गई किसी सूचना को लागू नहीं होगी:

परन्तु भ्रष्टाचार और मानव अधिकारों के अतिक्रमण के अभिकथनों से संबंधित सूचना इस उपधारा के अधीन अपवर्जित नहीं की जाएगी:

परन्तु यह और कि यदि मांगी गई सूचना मानवाधिकारों के अतिक्रमण के अभिकथनों से संबंधित है तो सूचना केन्द्रीय सूचना आयोग के अनुमोदन के पश्चात ही दी जाएगी और धारा 7 में किसी बात के होते हुए भी, ऐसी सूचना अनुरोध की प्राप्ति के पैंतालीस दिन के भीतर दी जाएगी।

(2) केन्द्रीय सरकार राजपत्र में किसी अधिसूचना द्वारा, अनुसूची का उस सरकार द्वारा स्थापित किसी अन्य आसूचना या सुरक्षा संगठन को उसमें सम्मिलित करके या उसमें पहले से विनिर्दिष्ट किसी संगठन का उससे लोप करके, संशोधन कर सकेगी और ऐसी अधिसूचना के प्रकाशन पर ऐसे संगठन को अनुसूची में, यथास्थिति सम्मिलित किया गया या उसका उससे लोप किया गया समझा जाएगा।

(3) उपधारा (2) के अधीन जारी की गई प्रत्येक अधिसूचना, संसद के प्रत्येक सदन के समक्ष रखी जाएगी।

(4) इस अधिनियम की कोई बात ऐसे आसूचना और सुरक्षा संगठनों को लागू नहीं होगी, जो राज्य सरकार द्वारा स्थापित ऐसे संगठन हैं, जिन्हें वह सरकार समय-समय पर राजपत्र में अधिसूचना द्वारा विनिर्दिष्ट करे :

परन्तु भ्रष्टाचार और मानव अधिकारों के अतिक्रमण के अभिकथनों से संबंधित सूचना इस उपधारा के अधीन अपवर्जित नहीं की जाएगी:

परन्तु यह और कि यदि मांगी गई सूचना मानव अधिकारों के अतिक्रमण अभिकथनों से संबंधित है तो सूचना राज्य सूचना आयोग के अनुमोदन के पश्चात ही दी जाएगी और धारा 7 में किसी बात के होते हुए भी, ऐसी सूचना अनुरोध की प्राप्ति के पैंतालीस दिनों के भीतर दी जाएगी।

(5) उपधारा (4) के अधीन जारी की गई प्रत्येक अधिसूचना राज्य विधान-मंडल के समक्ष रखी जाएगी।

मानीटर करना और रिपोर्ट करना।

25. (1) यथास्थिति, केन्द्रीय सूचना आयोग या राज्य सूचना आयोग, प्रत्येक वर्ष के अंत के पश्चात यथासाध्य शीघ्रता से उसी वर्ष के दौरान इस अधिनियम के उपबंधों के कार्यान्वयन के संबंध में एक रिपोर्ट तैयार करेगा और उसकी एक प्रति समुचित सरकार को भेजेगा।

(2) प्रत्येक मंत्रालय या विभाग, अपनी अधिकारिता के भीतर लोक प्राधिकारियों के संबंध में ऐसी सूचना एकत्रित करेगा और उसे यथास्थिति, केन्द्रीय सूचना आयोग या राज्य सूचना आयोग को उपलब्ध कराएगा, जो इस धारा के अधीन रिपोर्ट तैयार करने के लिए अपेक्षित है और इस धारा के प्रयोजनों के लिए, उस सूचना को देने तथा अभिलेख रखने से संबंधित अपेक्षाओं का पालन करेगा।

(3) प्रत्येक रिपोर्ट में, उस वर्ष के संबंध में, जिससे रिपोर्ट संबंधित है निम्नलिखित के बारे में कथन होगा।

(क) प्रत्येक लोक प्राधिकारी से किए गए अनुरोधों की संख्या;

(ख) ऐसे विनिश्चयों की संख्या, जहां आवेदन अनुरोधों के अनुसरण में दस्तावेजों तक पहुंच के लिए हकदार नहीं थे, इस अधिनियम के वे उपबंध, जिनके अधीन ये विनिश्चय किए गए थे और ऐसे समयों की संख्या, जब ऐसे उपबंधों का अवलंब्र लिया गया था;

(ग) पुनर्विलोकन के लिए यथास्थिति, केन्द्रीय लोक सूचना आयाग या राज्य आयोग को निर्दिष्ट की गई अपीलों की संख्या, अपीलों की प्रकृति और अपीलों के निष्कर्ष;

(घ) इस अधिनियम के प्रशासन के संबंध में किसी अधिकारी के विरुद्ध की नई अनुशासनिक कार्रवाई की विशिष्टियां;

(ड.) इस अधिनियम के अधीन प्रत्येक लोक प्राधिकारी द्वारा एकत्रित की गई प्रभारी की रकम।

(च) कोई ऐसे तथ्य जो इस अधिनियम की भावना और आशय को प्रशासित और कार्यान्वित करने के लिए लोक प्राधिकारियों के किसी प्रयास को उपदर्शित करते हैं;

(छ) सुधार के लिए सिफारिशें, जिनके अंतर्गत इस अधिनियम या अन्य विधान या सामान्य विधि के विकास, समुन्नति, आधुनिकीकरण, सुधार या संशोधन के लिए विशिष्ट लोक प्राधिकारियों के संबंध में सिफारिशें या सूचना तक पहुंच के अधिकार को प्रवर्तनशील बनाने से सुसंगत कोई अन्य विषय भी हैं।

(4) यथास्थिति, केंद्रीय सरकार या राज्य सरकार प्रत्येक वर्ष के अंत के पश्चात यथासाध्य शीघ्रता से, उपधारा (1) में निर्दिष्ट, यथास्थितिं, केंद्रीय सूचना आयोग या राज्य सूचना आयोग की रिपोर्ट की एक प्रति संसद के प्रत्येक सदन के समक्ष या जहां राज्य विधान-मंडल के दो सदन हैं वहां प्रत्येक सदन के समक्ष और जहां राज्य विधान-मंडल का एक सदन है वहां उस सदन के समक्ष रखवाएगी।

(5) यदि केन्द्रीय सूचना आयोग या राज्य सूचना आयोग को ऐसा प्रतीत होता है कि इस अधिनियम के अधीन अपने कृत्यों का प्रयोग करने के संबंध में किसी लोक प्राधिकारी की पद्धति इस अधिनियम के उपबंधों या भावना के अनुरूप नहीं है तो वह प्राधिकारी को ऐसे उपाय विनिर्दिष्ट करते हुए जो उसकी राय में ऐसी अनुरूपता को बढ़ाने के लिए किए जाने चाहिए, सिफारिश कर सकेगा।

समुचित सरकार द्वारा कार्यक्रम तैयार किया जाना।

26. (1) केन्द्रीय सरकार वित्तीय और अन्य संसाधनों की उपलब्धता की सीमा तक–

(क) जनता की विशेष रूप से, उपेक्षित समुदायों की इस बारे में समझ की, वृद्धि करने के लिए कि इस अधिनियम के अधीन अनुध्यात अधिकारों का प्रयोग कैसे किया जाए शैक्षिक कार्यक्रम बना सकेगी और आयोजित कर सकेगी;

(ख) लोक प्राधिकारियों को, खंड (क) में निर्दिष्ट कार्यक्रमों को बनाने

और उनके आयोजन में भाग लेने और ऐसे कार्यक्रमों का स्वयं जिम्मा लेने के लिए प्रोत्साहित कर सकेगी;

(ग) लोक प्राधिकारियों द्वारा उनके क्रियाकलापों के बारे में सही जानकारी का समय से और प्रभावी रूप में प्रसारित किए जाने को बढ़ावा दे सकेगी;

(घ) लोक प्राधिकारियों के यथास्थिति, केंद्रीय लोक सूचना अधिकारियों या राज्य सूचना अधिकारियों को प्रशिक्षित कर सकेगी और लोक प्राधिकरणों द्वारा स्वयं के उपयोग के लिए सुसंगत प्रशिक्षण सामग्रियों का उत्पादन कर सकेगी।

(2) समुचित संस्कार इस अधिनियम के प्रारंभ से अट्ठारह मास के भीतर अपनी राजभाषा में, सहज व्यापक रूप और रीति से ऐसी सूचना वाली एक मार्गदर्शिका संकलित करेगी, जिसकी ऐसे किसी व्यक्ति द्वारा युक्तियुक्त रूप में अपेक्षा की जाए, जो अधिनियम में विनिर्दिष्ट किसी अधिकार का प्रयोग करना चाहता है।

(3) समुचित सरकार यदि आवश्यक हो तो उपधारा (2) में निर्दिष्ट मार्गदर्शी सिद्धांतों को नियमित अंतरालों पर अद्यतन और प्रकाशित करेगी, जिनमें विशिष्टतया और उपधारा (2) की व्यापकता पर प्रतिकूल प्रभाव डाले बिना निम्नलिखित सम्मिलित होगा–

(क) इस अधिनियम के उद्देश्य;

(ख) धारा 5 की उपधारा (1) के अधीन नियुक्त प्रत्येक लोक प्राधिकरण के व्यथास्थिति, केंद्रीय लोक सूचना अधिकारी या राज्य लोक सूचना अधिकारी का डाक और गली का पता, फोन और फैक्स नंबर और यदि उपलब्ध हो तो उसका इलैक्ट्रॉनिक डाक पता;

(ग) वह रीति और प्रारूप, जिसमें यथास्थिति, किसी केन्द्रीय लोक सूचना अधिकारी या राज्य लोक सूचना अधिकारी से किसी सूचना तक पहुंच का अनुरोध किया जाएगा;

(घ) इस अधिनियम के अधीन लोक प्राधिकरण के, यथास्थिति, किसी केन्द्रीय लोक सूचना अधिकारी या राज्य लोक सूचना अधिकारी से उपलब्ध सहायता और उसके कर्तव्य;

(ड.) यथास्थिति, केन्द्रीय सूचना आयोग या राज्य सूचना आयोग से उपलब्ध सहायता;

(च) इस अधिनियम द्वारा प्रदत्त या अधिरोपित किसी अधिकार या कर्तव्य के संबंध में कोई कार्य करने या करने में असफल रहने के बारे में विधि में उपलब्ध सभी उपचार जिनके अंतर्गत आयोग को अपील फाइल करने की रीति भी है;

(छ) धारा 4 के अनुसार अभिलेखों के प्रवर्गों के स्वैच्छिक प्रकटन के लिए उपबंध करने वाले उपबंध;

(ज) किसी सूचना तक पहुंच के लिएं अनुरोधों के संबंध में संदत्त की जाने वाली फीसों से संबंधित सूचनाएं; और

(झ) इस अधिनियम के अनुसार किसी सूचना तक पहुंच प्राप्त करने के संबंध में बनाए गए या जारी किए गए कोई अतिरिक्त विनिमय या परिपत्र।

(4) (1) समुचित सरकार को, यदि आवश्यक हो, नियमित अंतरालों पर मार्गदर्शी सिद्धांतों को अद्यतन और प्रकाशित करना चाहिए।

नियम बनाने की समुचित सरकार की शक्ति

(27) (1) समुचित सरकार इस अधिनियम के उपबंधों को कार्यान्वित करने के लिए राजपत्र में अधिसूचना द्वारा, नियम बना सकेगी।

(2) विशिष्टतया और पूर्वगामी शक्ति की व्यापकता पर प्रतिकूल प्रभाव डाले बिना, ऐसे नियम निम्नलिखित सभी या किसी विषय के लिए उपबंध कर सकेंगे, अर्थात्:-

(क) धारा 4 की उपधारा (4) के अधीन प्रसारित की जाने वाली सामग्रियों के माध्यम की लागत या प्रिन्ट लागत मूल्य;

(ख) धारा 6 की उपधारा (1) के अधीन संदेय फीस;

(ग) धारा 7 की उपधारा (1) और उपधारा (5) के अधीन संदेय फीस;

(घ) धारा 13 की उपधारा (6) और धारा 16 की उपधारा (6) के अधीन अधिकारियों और अन्य कर्मचारियों को संदेय वेतन और भत्ते तथा उनकी सेवा के निबंधन और शर्तें;

(ड.) धारा 19 की उपधारा (10) के अधीन अपीलों का विनिश्चय करते समय, यथास्थिति, केन्द्रीय सूचना आयोग या राज्य सूचना आयोग द्वारा अपनाई जाने वाली प्रक्रिया;

(च) कोई अन्य विषय, जो विहित किए जाने के लिए अपेक्षित हो या विहित किया जाए।

नियम बनाने की सक्षम प्राधिकारी की शक्ति

28. (1) सक्षम अधिकारी, इस अधिनियम के उपबंधों को कार्यान्वित करने के लिए राजपत्र में अधिसूचना द्वारा नियम बना सकेगा।

(2) विशिष्टतया और पूर्वगामी शक्ति की व्यापकता पर प्रतिकूल प्रभाव डाले बिना, ऐसे नियम निम्नलिखित सभी या किसी विषय के लिए उपबंध कर सकेंगे, अर्थात:-

(i) धारा 4 की उपधारा (4) के अधीन प्रसारित की जाने वाली सामग्रियों के माध्यम की लागत या प्रिन्ट लागत मूल्य;

(ii) धारा 6 की उपधारा (1) के अधीन संदेय फीस;

(iii) धारा 7 की उपधारा (1) के अधीन संदेय फीस; और

(iv) कोई अन्य विषय जो विहित किए जाने के लिए अपेक्षित हो या विहित किया जाए;

नियमों का रखा जाना।

29. (1) इस अधिनियम के अधीन केन्द्रीय सरकार द्वारा बनाया गया प्रत्येक नियम, बनाए जाने के पश्चात यथाशीघ्र संसद के प्रत्येक सदन के समक्ष, जब वह ऐसी कुल तीस दिन की अवधि के लिए सत्र में हो, जो एक सत्र में अथवा दो या अधिक आनुक्रमिक सत्रों मे पूरी हो सकती है, रखा जाएगा और यदि उस सत्र के या पूर्वोक्त आनुक्रमिक सत्रों के ठीक बाद के सत्र के अवसान के पूर्व दोनों सदन उस नियम में कोई परिवर्तन करने के लिए सहमत हो जाएं या दोनों सदन इस बात से सहमत हो जाएं कि ऐसा नियम नहीं बनाया जाना चाहिए तो ऐसा नियम तत्पश्चात यथास्थिति, केवल ऐसे उपांतरित रूप में ही प्रभावी होगा या उसका कोई प्रभाव नहीं होगा। तथापि, उस नियम के ऐसे उपांतरित या निष्प्रभाव होने से उसके अधीन पहले की गई किसी बात की विधिमान्यता पर प्रतिकूल प्रभाव नहीं पड़ेगा।

(2) इस अधिनियम के अधीन किसी राज्य सरकार द्वारा बनाया गया प्रत्येक नियम अधिसूचित किए जाने के पश्चात् यथाशीघ्र राज्य विधान-मंडल के समक्ष रखा जाएगा।

कठिनाइयों को दूर करने की शक्ति।

30 (1) यदि इस अधिनियम के उपबंधों को प्रभावी करने में कोई कठिनाई उत्पन्न होती है तो केन्द्रीय सरकार राजपत्र में प्रकाशित आदेश द्वारा ऐसे उपबंध बना सकेगी, जो इस अधिनियम के उपबंधों से असंगत न

हों, जो उसे कठिनाई को दूर करने के लिए आवश्यक और समीचीन प्रतीत होते हों:

परन्तु कोई ऐसा आदेश इस अधिनियम के प्रारंभ से दो वर्ष की अवधि की समाप्ति के पश्चात नहीं किया जाएगा।

(2) इस धारा के अधीन किया गया प्रत्येक आदेश किए जाने के पश्चात यथाशीघ्र संसद के प्रत्येक सदन के समक्ष रखा जाएगा।

निरसन **31.** सूचना स्वातन्त्र्य अधिनियम, 2002 इसके द्वारा निरसित किया जाता है। 2002 का 5

❑

पहली अनुसूची

(धारा 13 (3) और धारा 16(3) देखिए)

मुख्य सूचना आयुक्त, सूचना आयुक्त, राज्य मुख्य सूचना आयुक्त, राज्य सूचना आयुक्त द्वारा ली जाने वाली शपथ या किए जाने वाले

प्रतिज्ञान का प्रारूप

''मैं जो .... मुख्य सूचना आयुक्त/सूचना आयुक्त/राज्य मुख्य सूचना आयुक्त/राज्य सूचना आयुक्त नियुक्त हुआ हूँ। ईश्वर की शपथ लेता हूं कि मैं विधि द्वारा स्थापित भारत

सत्यनिष्ठा से प्रतिज्ञान करता हूं

के संविधान के प्रति सच्ची श्रद्धा और निष्ठा रखूंगा। मैं भारत की प्रभुता और अखंडता अक्षुण्ण रखूंगा तथा मैं सम्यक प्रकार से और श्रद्धापूर्वक तथा अपनी पूरी योग्यता, ज्ञान और विवेक से अपने पद के कर्तव्यों का भय या पक्षपात, अनुराग या द्वेष के बिना पालन करूंगा तथा मैं संविधान और विधियों की मर्यादा बनाए रखूंगा।''।

दूसरी अनुसूची

(धारा 24 देखिए)

केन्द्रीय सरकार द्वारा स्थापित आसूचना और सुरक्षा संगठन

1. आसूचना ब्यूरो।
2. मंत्रीमंडल सचिवालय के अनुसंधान और विश्लेषण खंड।
3. राजस्व आसूचना निदेशालय
4. केन्द्रीय आर्थिक आसूचना ब्यूरो।
5. प्रवर्तन निदेशालय।
6. स्वापक नियंत्रण ब्यूरो।
7. वैमानिक अनुसंधान केन्द्र।
8. विशेष सीमान्त बल।
9. सीमा सुरक्षा बल।
10. केन्द्रीय आरक्षित पुलिस बल।
11. भारत-तिब्बत सीमा बल।
12. केन्द्रीय औद्योगिक सुरक्षा बल।
13. राष्ट्रीय सुरक्षा गार्ड
14. असम राइफल्स।
15. विशेष सेवा ब्यूरो।
16. विशेष शाखा (सीआईडी)अंडमान और निकोबार।
17. अपराध शाखा – सीआईडी – सीबी दादरा और नागर हवेली।
18. विशेत्र शाखा लक्षद्वीप पुलिस।

टी. के. विश्वनाथन,
सचिव, भारत सरकार।